U0153145

日本債權回收實務

島田法律事務所 著

許明義 譯

■序言

過去曾經有很長一段時間，日本的都市銀行甚少對債務人聲請破產甚至聲請拍賣擔保物。然而隨著泡沫經濟的破滅，不良債權的處理即成了日本金融機構的一項重要課題，各金融機構亦紛紛強化其專業部門，「債權回收」或「不良債權處理」已然成為金融機構極為重要的業務領域之一。關於債權回收及不良債權處理，各金融機構的相關專業人員均已累積了相當豐富的經驗及知識，相關的法令制度亦日趨完善。

隨著不良債權的處理告一段落之後，近年來又因為日本政府為因應金融危機而施行了「中小企業金融圓滑化法」的緣故，各金融機構的呆帳費用均普遍處於穩定的低水位。然而，不良債權並未就此消失，同樣的歷史並非沒有重新上演的可能。當前日本的經濟情況不容過於樂觀，而上述金融圓滑化法對於中小企業的紓困功能亦已告一段落。不良債權的大量發生，或許在不久後又將到來。

隨著不良債權問題稍微緩解之際，各金融機構的專門從業人員亦隨之減少或進行世代交替。銀行等金融機構的業務本身，增加了投資信託、保險商品及衍生性商品等新金融商品，授信態樣及客戶資產情況亦隨著時代而有新的變化，債權回收的手法及技巧當然亦有了變化。為了面對可能重新浮上檯面的不良債權問題，應值得再一次認識債權回收及不良債權處理的重要性。在溫習那些既有的手法及知識之餘，亦當同步更新一下最新的法令發

展。

關於債權回收，將回收不能部分予以無稅攤銷係一主要的參照目標，並應隨著情況變化而進行機動性調整。此外，亦應認識到妥善處理不良債權亦有益於債務人事業之重建。從事債權回收及不良債權處理的人員，應先有一個全面性的理解，從啓動債權回收工作後，並能及時採取各種適切的手段。

本書以日本金融機構中，負責債權回收及不良債權處理人員為設想的主要讀者。儘管也涵蓋了許多基礎性的知識，但仍希望能對實際處理不良債權的讀者們提供些許幫助。當然，本書在性質上亦與如何維持及確保作為企業重要資產之債權的價值有關，即便非為直接參與債權回收人員或金融機構以外的讀者，仍然值得一讀。

最後，本書的寫就承蒙「金融財政事情研究會」出版部各位同仁的大力支持，藉此敬表謝忱。

2013 年 1 月

島田法律事務所

■ 譯者序

這是一本關於日本債權回收實務的小書，執筆者均為活躍於日本金融及企業法領域第一線且具有豐富執業經驗的日本律師。

本書篇幅不多，但極為精要地介紹了日本債權回收所涉及的主要法律面向及實務操作方法，可謂結構完整且貼近實務。不但可供臺灣擔保法、強制執行法及破產法等領域之學習者作為比較研究之用，對於從事涉日企業法務人士，亦為一極佳之實務指南。

本書之內容，除第 1、2 兩章屬於整體性介紹外；第 3 章對各種物保及人保的設定；第 5、6 章對前述各種擔保的實行；第 8 章對保全處分、撤銷權行使及債務清理程序均作了詳細介紹；第 4 章及第 7 章關於期限利益喪失及抵銷的討論，雖與銀行債權人關係較為密切，惟對非銀行之一般債權人亦有適用餘地。

日本法與臺灣法大體上極為相似，但亦不乏重大差異。如日本不動產採登記對抗主義、有臺灣所沒有的法定擔保物權（先取特權）、運作較為成熟的讓與擔保制度、種類多樣且程序亦更為細緻的債務清理程序等。並基於該些差異而展現出與臺灣不盡相同的實務風貌，值得有興趣的讀者細心琢磨體會。

譯者平日從事臺日法律實務工作，利用暇餘譯成此書，雖已力求忠實完善，惟匆忙譯就之際，仍難免有所疏漏，尚請方家和讀者不吝惠予指正。

2016 年 9 月

許明義

■作者簡介

【事務所介紹】

島田法律事務所

　　木所是一家以金融及企業法業務爲主的日本法律事務所。2010 年 7 月由一批出身於日本各大事務所，長期活躍於金融及企業法領域的青壯代律師所創立。本所重視與客戶間的長期信任關係，並以貢獻於客戶的永續發展及價值創造爲職志。目前已發展至擁有專業律師 30 多名、助理人員 10 名以上之規模。代表合夥人島田邦雄律師並曾多次獲得日本權威財經媒體「日本經濟新聞」評選爲日本年度十佳企業法律師榮譽。主要客戶群涵蓋金融、鋼鐵、汽車、電機、能源及不動產等各領域之知名日本外資企業。

【作者簡歷】

島田　邦雄（第 1 章）

　　日本律師（第一東京辯護士會）、美國紐約州律師。

　　1984 年東京大學法學部畢。1986 年日本律師登錄。1990 年美國哈佛大學法學院畢（LL. M.）。1990 年～1991 年 Willkie Far & Gallagher 法律事務所（紐約市）、1991 年 Coudert Brothers 法律事務所（布魯塞爾）任職。2000 年 6 月起擔任瑞穗債權回收（株）常務取締役。

半場　秀（第 2 章）

日本律師（第一東京辯護士會）、美國紐約州律師。

1991 年東京大學法學部畢。1993 年日本律師登錄。2000 年美國印第安那大學法學院畢（LL. M.）。1999 年～2000 年 Haarmann, Hemmelrath & Partner 法律事務所（杜塞爾多夫）任職。

石川　智史（第 8 章）

日本律師（第一東京辯護士會）。

2002 年京都大學法學部畢。2003 年日本律師登錄。2005 年都市銀行借調。

福谷　賢典（第 5 章、第 6 章）

日本律師（第一東京辯護士會）。

2003 年東京大學法學部畢。2004 年日本律師登錄。2007 年～2008 年都市銀行借調。

山嵜　亙（第 3 章、第 4 章）

日本律師（第一東京辯護士會）。

2006 年東京大學法學部畢。2007 年日本律師登錄。2009 年～2011 年都市銀行借調。

安平　武彥（第 7 章）

日本律師（第一東京辯護士會）。

2005 年慶應義塾大學法學部法律學科畢。2008 年東京大學

法科大學院畢。2009 年日本律師登錄。2011 年〜2013 年由都市銀行借調。

【譯者簡歷】

許明義

臺灣律師、中國律師。

1995 年國立臺灣大學法律系法學組畢。1999 年〜2000 年北海道大學法學研究科研修。2000 年臺灣律師登錄、2013 年中國律師登錄。2000 年〜2012 年歷任臺灣和上海大型法律事務所律師及臺灣知名科技集團法務主管。2012 年起移居東京，目前任職島田法律事務所執行外國法律師業務。

目　錄

第 **1** 章

債權回收之全貌

信用惡化時之對策

新擔保及保證之取得（保全強化）

第 4 章

期限利益之喪失

第 5 章

從擔保物取得回收

第 6 章

從保證取得回收

從銀行交易相關資產取得回收

第 8 章

對其他資產之追償

債權回收之全貌

1 / 債權回收業務之意義

(1) 時代的需要

債權回收業務，容易給人一種「討債」的印象，似乎是許多人敬而遠之的業務。此外，儘管付出再多的努力，難免有不能順利回收的部分，故經常被視爲一種單純確定損失的作業，無法得到公正的評價。

再加上近年日本政府實施「中小企業金融圓滑化法」，中小企業僅需提出申請，便可獲准寬限還貸。基本上，係一種極爲不自然的援助方式；而業績欠佳之企業因外匯衍生商品所生之損失，亦可透過金融 ADR 等程序轉嫁給銀行，亦爲一種相當扭曲的政策，充其量均只能拖延劣質企業的倒閉，而無法眞正拯救中小企業。最後，中小企業因經營惡化所累積大量不良債權，終將於某個時點一發不可收拾，徒增善後處理的難度罷了。隨著日本政府公布了「中小企業經營支援政策方案」（2012 年 4 月 20 日，內閣府－金融廳－中小企業廳），前述「中小企業金融圓滑化法」終於走入歷史[1]。在此背景下，許多金融機構對於債權回收業

---

[1] 原名爲「中小企業者等に対する金融の圓滑化を図るための臨時措置に関する法律」。此法律係日本政府爲因應 2008 年金融風暴，援

務及企業重整業務之重要性，亦開始有另一番新認識，並且對即將可能發生之大量不良債權已有心理準備。

(2) 債權回收與企業收益

對金融機構而言，一旦放款成了呆帳，其一夕間所蒙受之損失恐怕相當於多年所收取放款利息數十倍不止的金額。同樣，實業型公司之應收帳款倘不能順利回收，則千辛萬苦努力創造之銷售額反成為公司損失。具體言之，一旦債務人進入破產等法定債務清理程序後，債權人能獲得分配之債權比率，通常不及百分之十，甚而破產程序中亦常見未進入分配階段程序，即告終止之情形。反之，對發生回收危機之債權，倘能順利回收，則對企業收益之貢獻將更甚於依靠平日微薄利潤辛苦積攢之營收。

債權回收對企業收益之貢獻度，由金融機構財報中呆帳費用之增減對損益有絕大影響一事，即可以窺知一二。僅就個別債權觀之，既已提撥呆帳備抵之部分若能成功回收，則備抵迴轉後將立即轉換成收益，可見債權回收業務對企業貢獻之大。從而，債權回收業務之重要性，確實應另眼相看。

(3) 對健全經濟活動之貢獻

債權回收不僅對債權人之企業有重要性，從整體社會角度觀

助中小企業以避免倒閉潮所制訂之限時立法，自 2009 年底起施行至 2013 年 3 月為止。

之，經由與誠實的債務人就債務清償進行誠摯的溝通，最後或可能對債務人或其事業重建起到促進作用，此亦有其重要意義。此外，面臨債務危機之企業，最後或許亦有萬不得已而必須倒閉歇業之時，而正如日本金融廳監督指針（針對中小型、地區性金融機構）之相關敘述一般，對合理有序之歇業企業提供適當支援，對協助債務人再重新出發亦當有助益。就此點，債權人究係金融機構或實業公司應無甚區別。

另方面，對不誠實的債務人，要求其履行債務一事對於維持經濟活動之健全性，亦有其貢獻。儘管社會風氣不如以往，惟「有借有還」畢竟仍為商場上最低限度之道德要求，倘若不誠實的債務人可輕鬆逃脫債務，某個意義上即增加了誠實交易人之負擔，並且拉低了整體的履約道德水平，從社會整體的觀點亦不可輕易容許。

然而，當前日本行政主管機關對金融機構所進行之各種行政指導，大多仍強調如何節制過度的債權回收手段，難免使債權人銀行面對債權回收之態度失於畏縮。或許行政當局可換個角度思考，應當將維持金融機構甚或經濟活動健全性作為優先考量，債權回收的懈怠對社會整體將產生負面效果，作為企業董事甚至有違反善良管理人注意義務之嫌。

依時間序列所為之整理

(1) 債權是企業的重要資產

　　按債權成立起至回收為止之時間序列看，金融機構因放款所生之貸款債權或實業公司因銷售所生之應收帳款債權，於撥貸時或銷售時成立。該些債權於資產負債表上，係認列為企業資產，一旦其回收可能性下降，則資產價值亦將隨之降低。故為使貸款債權成為優質資產，首先於債權成立之初，即應避免其資產價值受到損害，應採取適當保全措施以確保其回收可能性。

(2) 債權成立時

　　債權成立階段，債權人可採取之債權保全措施包括：專門用於填補呆帳損失之保險或衍生商品或傳統之擔保或保證之徵求。其中之擔保，又可依提供人不同而分成債務人擔保及第三人擔保。

　　除了擔保和保證外，作為一種契約上安排，尚可考慮採取諸如：①債務人信用狀況監視條款（例如要求定期提出財報、報告決算狀況、發生影響信用事件時之報告義務等）；②債務人信用狀況惡化或債務不履行時之因應條款（追加擔保、追加保證、

期限利益喪失條款等）。惟債務人之於債權人往往係被奉為上賓之「客戶」，為了爭取業務，有時不便要求過苛之契約條件。然而，一旦當債務人的信用狀況惡化後，債務人通常將更不易接受債權人要求，況且債務人此時多半亦已一貧如洗。屆時，僅剩的選擇或許只是能否行使撤銷權的問題，而此種保全措施之難度更高。從而，若欲採取有效的債權保全措施，建議於債權成立階段之始即應果斷採行。

(3) 保全強化

債權成立後之階段，一旦發生回收可能性降低或有必要強化回收可能性之情況時，亦應儘速要求追加擔保或保證。當然，面臨此種局面，通常其他債權人亦可能採取類似行動，故平日對債務人信用狀況之掌握便顯得極其重要，一旦察覺到任何影響信用之風吹草動，即應迅速採取保全強化措施。

而當債務人信用狀況進一步惡化，甚至發生部分債務不履行時，可考慮根據契約條款或民法[2]規定令其喪失期限利益。惟當債務人發生償債困難時，強令其喪失期限利益將可能加速債務人資金週轉失靈。較為有效者，或許係類似財務限制條款或特約承諾條款（covenants），根據此類條款，可暫不令債務人喪失期限利益，但要求債務人先對信用狀況，進行改善或要求其提供追加擔保或保證。就這一點，在擬定期限利益喪失條款時，原則上應

---

[2] 本書所提及之法令，除非經特別標明，否則皆指日本法而言。

將所謂「當然喪失事由」儘量限縮於當債務人被聲請開始法定債務清理程序或被銀行拒絕往來等，債務人企業已明顯難以維持之極端情況即可。從債權人立場觀之，儘管可將諸多情況列為期限利益喪失事由，惟多半仍應將其作為較具裁量性之「請求喪失事由」，以之作為談判籌碼為宜。[3]

(4) 回收階段

a 協商回收

當在對債務人實施財務監控及追加保全措施等各項努力後，債務人仍陷於嚴重債務不履行者，則只能透過與債務人協商（任意手段）之方式或法律程序（強制手段）方式回收債權。

此時，若債務人尚有可換價資產者，可予以換價以供清償。若尚有其他資金調度手段者，則可要求其籌措新資金以供清償。此外，若設定有擔保或保證者，則可實行擔保權或請求保證人履行保證義務。債權人若為銀行者，則可考慮對債務人於本行之存款行使抵銷。

無論如何，於債權回收過程中，均應儘量透過與債務人協商以確保獲得清償，畢竟只要債務人肯配合，即可節省不少回收成本，有助實現債權回收金額之最大化，同時亦有益於債務人再生。換言之，於債務人處分其事業或資產之際，若債權人與債務

---

[3] 關於期限利益之「當然喪失事由」與「請求喪失事由」的詳細討論，請參照本書第 4 章。

人間能充分溝通、配合，對彼此價值最大化均有益處。

當然，為了能適時採取適切行動，充分掌握準確訊息亦相當重要。此外，與任何工作一樣，承辦人對解決問題之熱情與信賴感，於債權回收業務上亦屬不可或缺。

b 強制回收

另一方面，當感受不到債務人有主動清償意願，甚至有擅自處分或隱匿資產之情況時，則應考慮採取民事保全程序上之假扣押等財產保全處分，同時並透過訴訟程序儘快取得執行名義[4]。在取得執行名義後，若發現債務人有可供查封扣押之資產者，即可依民事執行程序，實施查封扣押及強制換價以供清償。

c 迅速的應對

不論是協商或強制手段，當債務人之償債能力已陷於困難後，所獲得之清償將很可能被以偏頗性清償為由，當作詐害行為而撤銷，或於法定債務清理程序中遭到撤銷（參照第 3 章 8）。就此點，尤其當有債務人行為介入之任意清償，其遭到撤銷之風險更高。惟當債務人尚有可供清償資產且亦有清償意願情況下，債權人當然無需拒絕清償。

最後，若債務人自己聲請啟動法定債務清理程序，則債權人

4　原文為「債務名義」，與臺灣強制執行法上之「執行名義」類似，但範圍略有不同，並不包括假扣押等保全裁定，也不包括拍賣抵押物等之裁定。

將於該程序中以接受分配等方式獲得清償。當債務人已無可供清償資產，但發現先前可能有對其他債權人有過偏頗清償或有隱匿資產行為者，作為債權人，則可考慮於聲請開始破產程序後（債權人聲請破產）請求破產管理人行使撤銷權，將已脫產之財產重新恢復為債務人之責任財產以供回收。

綜上所述，債權回收可說是一項與時間賽跑的工作。債權成立階段，當然是最容易採取債權保全措施之階段。惟隨著時間經過，採取保全措施之難度將越高，甚至若考慮將來債務人破產之可能性，則債權回收工作正如俗語所云之「有備則無患」或「先下手為強」。另外，於債務人信用狀況惡化過程中，雖應及早強化保全，惟可供償債之資產價值通常亦將同步劣化。故視情況需要，於債務人事業價值大幅降低前，適時以有利條件處分事業或擔保物以清償債務，不僅符合債權人利益，同時亦可提高債務人再生可能性。因企業或事業價值，本乃基於各種有形無形資產及信用之有機結合而成立，當迫於無奈而必須以拖欠貨款或員工薪資方式支應財務調度時，難免將損及事業自身價值，而為維持事業價值，或許有必要適時對事業資產作出果斷的處分。而一旦債務人最終瀕臨破產時，「先下手為強」仍有其必要性。因此應對債務人信用狀況保持經常性監控，先於其他債權人採取行動，以助債權回收最大化。

債權回收程序，最終仍須靠法律程序解決，故即便在任意清償之協商階段，仍以將法律程序納入考慮為宜。以下，將就與債權回收相關之若干基本法律程序，進行概要說明。

基 本 用 語 解 說

查封（扣押）

　　當發現債務人有可供償債之資產，但債務人不願配合將其提供作爲擔保或自行予以處分以清償債務時，債權人唯有透過法律程序方能強制性實現清償。

　　民事執行法所規定之查封（扣押）程序，即爲實現此種清償之強制執行程序。當債權人向法院聲請對債務人之特定財產進行查封（扣押）後，法院將依法定程序禁止債務人對該財產進行處分，並於對該財產進行強制性換價後將所得價金分配予債權人（第8章1）。

基 本 用 語 解 說

假扣押

　　聲請查封（扣押）應以取得「執行名義」（確定判決、假執行判決、支付命令、公證書等）爲必要（民事執行法第22條）。亦即，聲請查封（扣押），除非已有得爲強制執行之公證書，否則應先提起請求給付之訴，取得確定勝訴判決等。

　　通常情況下，債務人會考慮優先對較強勢之債權人、對其負有道義上責任之債權人，或者有助於自己日後再生

之債權人，進行清償。作爲一般債權人，若必須等到勝訴判決，則僅剩之債務人資產，將極可能被優先清償予其他債權人甚或遭到隱匿。

故在尚未取得執行名義之情況下，債權人可於向法院陳報債權存在及債權保全之必要性後，請求暫時先對債務人之財產實施假扣押。一旦作出假扣押裁定，則債務人即不得對該財產進行處分（惟與本執行之查封扣押不同，無法對該財產進行強制性換價）。據此，債權人即可避免該財產逸失，待嗣後透過訴訟程序取得勝訴判決後，即可轉爲強制執行程序（第8章）。

實際上，當對債務人實施假扣押後，債務人因此而被迫出面與債權人協商任意清償之情況並不少見。情況順利者，不需經訴訟程序即可實現回收。此外，不論最終能否實現回收，總之亦需對不良債權進行處理，能透過假扣押實現債權回收固然極佳，即便無法回收，亦得依此而認列呆帳損失。

債務清理程序[5]

1 債務清理程序之意義

相對於強制執行係以債務人之個別財產作為換價對象，債務清理程序則係以債務人全部責任財產作為全面性換價對象，且對債權人進行公平清償。債務清理程序開始後，除應處理債務人之積極財產（未設定擔保權之不動產、動產或應收帳款等）外，同時亦應對債權人之債權內容進行調查，根據其結果，以積極財產按比例向債權人清償。

2 債務清理程序之種類

（債務清理程序）

	個人、法人	股份有限公司
清算型	破產	特別清算
重建型	民事再生	公司更生

債務清理程序，可分為清算型及重建型兩種。前者有破產、特別清算程序；後者則有民事再生、公司更生程序。破產及民事再生，係以所有個人及法人為適用對象；特別清算及公司更生之適用對象，則僅限於股份有限公

---

5 原文作「倒產手續」，係包含清算型及重建型在內各種法定債務清理程序之總稱，故中文譯為「債務清理程序」。

司。

　以法人企業爲例，於清算型程序，債務人停止一切事業活動，將全部財產進行換價處分後，以該價金按比例對債權人清償，處理完畢後法人格隨之消滅。另外，如爲重建型程序，通常債務人仍可繼續維持其收益事業活動，以其收益作爲償債財源，同時處分閒置資產或虧損事業財產，按照償債計畫分期清償（惟亦有轉讓部分事業，以所得價金進行一次性清償之所謂「混合型」）。

　以上，係利用法定程序所進行之「法定債務清理程序」。但有些情況下，係透過債權人間合意而非依法律上債務清理程序，處理債務人之積極財產、調查債權人債權內容並清償債務，一般稱爲「私人性債務清理」。惟此種私人性債務清理通常係於純粹金融債權人之情形被採用，若牽涉一般交易債權人，則較不適合。其中，有根據全國銀行協會所制定「私人性債務清理綱領」而進行者，亦有清理回收機構（RCC）或中小企業再生支援協議會所參與者。此外，利用特定調解或事業再生 ADR 等程序，而於結果上免除部分債務之情形亦不少。

3 債務清理程序之實態

　法定債務清理程序，儘管有極少數情況可能出現較高之分配率，但一般情況下分配率均偏低。惟因其程序透明，處理過程亦較爲公平，乃不良債權處理之基本。此

外，對不良債權究竟應處理至何種程度，雖與處理成本相關，惟一旦進入破產程序，基本上即屬最終性質之處理。然而，現實上瀕臨破產之債務人，或有聲請破產意願，卻可能連委託律師處理之資金都不足；另一方面則因債務人已無多少具價值之資產，即便債權人想聲請破產，最終恐亦無法獲得分配。實務上，此種進退維谷無從下手之案件，亦所在多有。

3 依回收之對象資產所爲之整理

　　債權回收，基本上係以掌握可作爲償債財源之債務人資產
（一般財產）爲前提。因此，債權回收之起始階段，通常都由調
查債務人財產開始。

　　在此意義下，債權回收之第一步，即應先由蒐集相關資訊
著手。當對債務人現況不甚清楚時，當然更加需要。即便平常持
續保持接觸之債務人，一旦察覺其信用發生問題或償債能力下降
時，最好應先對債務人進行訪查，經由第一手接觸直接獲取債務
人之相關資訊。

(1) 資金調度清償

　　當債務人尚有一定銷售收入或尚有可能由他處調取資金（現
金）時，即應爭取以該收入或調度資金受償。爲此，應有必要正
確掌握其資金調度情況。即便並無立即可供調度之現金，但尚有
閒置資產者，欲順利處分者恐需花費一定時間，惟處分後亦可取
得部分資金。遇此情形，應考慮透過協商，適當寬限債務人清償
期限，使其事業可以繼續運作，亦應有助債務人之再生。

(2) 成為回收財源之資產種類

　　然而，當債務人企業本身之收益情況不佳，資金週轉亦已窮途末路時，對其將來之企業收入或其他資金調度管道恐難期待，則僅能就債務人之現有資產作回收打算。此時，債務人資產負債表（B/S）上之流動資產（存款、應收帳款、短期貸款、存貨等）、有形固定資產（土地建物、機械設備、車輛等）或投資等資產（有價證券投資、關聯公司持股、長期貸款、押租金、保證金等）通常就成為回收之主要對象。另，資產負債表上未認列之營業權等無形資產，亦可能成為債權回收之重要財源。從法律性質上看，大致可將其分為不動產、動產、債權及無形資產等幾大類。

a 不動產

　　不動產，最典型者即為土地及建物。一般而言，因不動產價值高、容易掌握其存在，易於透過強制執行等手段確保作為償債財源。另一方面，亦可能因其已被設定擔保、拍賣程序冗長，與其他債權人發生競合之可能性頗高。

b 動產

　　動產，通常包括現金、存貨、票據或股票等有價證券、可與不動產分別處分之機械設備，有時亦包括藝術品等。

　　動產中，有若有價證券等較為容易換價者，至於存貨，若無法確保銷售管道，徒然增加保管場所或保管費用等負擔，最終甚

或淪爲難以處理之大型垃圾，有不易換價之風險。尤其像食品或動植物等，爲了不減損其存貨價值，經常還需動用特殊設備或技術進行保管。

c 指名債權

一般企業所持有之指名債權通常包括：存款、貸款、應收帳款、保險契約等各種契約之相關債權（保險金請求權、解約退還金請求權）等。此外，債務人對第三人之損害賠償請求權及近年常見之逾付款返還請求權等金錢債權，亦可成爲償債財源。

不過，應收帳款或貸款等債權，固因其金錢債權之性質容易回收，惟相較於動產或不動產其實體較難掌握，尤其像應收帳款時有變動，有時難以確認究竟對哪些債務人享有多少債權額。另外，關於存款債權，即便對其實施（假）扣押，惟當該金融機構作爲第三債務人對債務人享有貸款債權之情形時，很可能因抵銷之行使，而無法順利自該存款債權取得回收。

再加以，相較於不動產或動產之情形，其對債務人之資金週轉有更大之衝擊，亦應加以留意。例如，當對債務人之存款債權進行扣押時，其結果可能導致作爲第三債務人之金融機構令債務人喪失期限利益，而對應收帳款進行扣押之結果，將可能導致第三債務人調整與債務人間之交易安排等，均可能進一步導致債務人破產。

d 無形資產

　　以上所介紹之不動產、動產及債權，通常大多會顯示於債務人資產負債表上，其所在亦較容易查找。惟尚有其他無形資產，如專利權等智慧財產權、營業權（商譽）等。特別是資金週轉困難之企業，若尚存在獲利事業部門或品牌，透過營業讓與或公司分割等方式善加處理者，猶有可能發揮無中生有之價值，不但有助最大化債權回收額，亦能將債務人具價值之事業或僱用繼續維持下去，對債權回收專家而言，係一種展現其功力的絕佳場合。

(3) 易於回收之資產

　　當同時存在多個可供回收債權之債務人資產時，需決定其優先次序。通常多依照其回收可能性、換價處分容易性，優先從確實性較高之標的著手。

　　就此點，當債權人係銀行時，通常以本行存款（債權人係實業公司時，則為交易保證金或應付帳款等）作為被動債權行使抵銷乃屬最確實且容易之方式（參照第 7 章 1）。此外，當債權人為銀行時，由託收票據等本行占有之有價證券取得回收者亦不少（參照第 7 章 2）。

　　然而，債權回收最成為問題者，其實是僅憑抵銷等尚無法充分回收之情形，故首要者還應當對債務人資產進行清查，無論其為動產、不動產或債權，優先對已經查明之資產先行扣押方為現實之策。

4　依關係人之利害所爲之整理

　　於債權回收之場景中，存在各式各樣之利害關係人。

　　首先，是其他一般債權人，各債權人就債務人之一般財產，具有競爭受償之關係。有關這一點，當債權人對債務人設定有擔保權時，只要未遭行使撤銷權，原則上該債權人就擔保標的物即得優先其他一般債權人受償。另外，當債權人受有債務人以外之第三人提供擔保或保證者，亦得由該第三人之擔保物或一般財產受償。另一方面，當其他債權人係於債務人危機時期以後，始接受清償或提供擔保的情形，則可考慮行使民法上詐害行爲撤銷權，或債務清理程序中之撤銷權向債權人主張，將該資產恢復爲債務人之一般財產。

　　債權人中，即便未享有約定之擔保物權者，亦有就債務人一般財產被賦予優先於一般債權人地位之情形。例如，債務人之受僱人爲勞動債權之債權人，依法律規定受僱人就僱用關係所生之債權，對債務人之總財產享有先取特權（民法第306條第2款），當一般債權人與這些受僱人之債權發生競合時，處於劣後地位。此外，租稅債權，相對於一般債權人亦被賦予一般性之優先權地位，甚至一定條件下，對一般債權人之約定擔保物權亦享有優先地位。

另一方面，對債務人負有責任之人，亦可能成爲債權回收對象。當債務人爲股份有公司，因有董事等經營團隊，而公司法429條1項就股份有限公司董事會成員，對第三人之損害賠償責任有規定：「董事等人就其職務之執行有惡意或重大過失者，應對第三人所生之損害負賠償責任。」從而，因經營上之疏失等導致公司破產，造成債權人損害時，債權人亦可向「董事等人」請求損害賠償，以供回收債權。此處所稱「董事等人」，不僅包括董事及監察人，尚包括會計監查人以及委員會設置公司之執行幹部（同法423條1項）。此外，當股份有限公司之股東違法接受超額盈餘分配，對公司負有返還義務（同法462條1項），債權人得直接請求股東給付（同法463條2項）。

　　再者，於債權回收場合，所謂的債權管理公司亦扮演重要角色。

債權管理公司之角色

1 以債權讓與方式回收債權

　　以一定之對價讓與債權，債權人亦得因此而回收其債權。實務上，債權讓與得使回收困難之債權因而確定損失，有助稅務會計上之處理，此亦爲選擇進行債權讓與之重要目的。

接受債權讓與者通常為債權管理公司。為此種債權讓與時，通常係將多數債權包裹出售，基於稅務會計上或善良管理人注意義務上理由，為確保出售價格之妥適性，一般均由多數買家以投標競價方式為之，由出價最高者得標。此外，出售時，因出讓之債權人並不保證讓與債權之回收可能性，雖不需實施盡職調查（賣方所為之 Due Diligence），惟受讓人一方為避免因受讓價格過高而受有損失，通常仍會進行盡職調查工作。

2 債權管理公司

債權回收業務，係一種法律事務，依日本律師法規定非律師不得為之。惟根據債權管理公司法之規定，獲得法務大臣許可（同法 3 條）之股份有限公司，係律師法之特例而得經營債權管理回收業務。此即通稱之債權管理公司。惟債權管理公司得處理之債權，僅限於所謂「特定金錢債權」。而「特定金錢債權」係指銀行等金融機構之貸款債權等（同法 2 條）。債權管理回收業所經營之業務，大致上可分為債權管理和回收，惟因債權管理亦係基於回收目的所為，故主要業務仍為債權回收。

債權管理公司之營業型態，有向債權人收購不良債權再加以收取之型態，亦有接受債權人委託而對不良債權進行收取之型態。收購之情形，債權管理公司係以債權收購價格和回收金額間之差額作為其獲利基礎，故收購價格

通常大幅低於債權額。惟出讓之債權人得因出售債權而確定其損失，可作稅務會計上之處理，亦具有先於債務人信用狀況進一步惡化前確定損失之效果。另外，低於債權額出售所造成之損失，為避免於稅務上遭到否認，有必要確保出售價格之妥適性，因此債權出售通常多以競標方式為之。

相對於此，於受託之情形，債權人雖無法享受確定損失之效果，但委由具備專業知識及技能之專業公司實施不良債權回收，有助提升其回收效果。因此，通常大型金融機構亦多設有專責債權管理之子公司。債權管理公司於接受委託處理債權管理或回收業務時，雖得以自己名義為委託人利益，而就該債權管理或回收業務有為一切訴訟上或訴訟外行為之權限（同法 11 條 1 項），惟受託進行債權管理或回收業務或就所受讓債權實施管理或回收業務之情形，除得於簡易法院進行一定數額以下之民事訴訟外，通常之民事訴訟程序應委託律師為之（同法 11 條 2 項）。

出售債權給債權管理公司，雖偶有糾紛發生，然因債權管理公司須受法務省監督及定期檢查，一般而言，於債權回收之方法上並不會採取具爭議性之極端手段。另外，於債權管理公司收購不良債權之情形，因通常難以完全回收債權額，而長時間持續回收活動亦不敷成本，為期盡早回收，通常會採取於收購價格上加碼，於一次性獲償後即

免除剩餘債務（Discount Pay Off，折價清償）方法。基於上述優點，近年來，有意將債權出售給債權管理公司之債務人似有增加趨勢。

第 **2** 章　信用惡化時之對策

1 信用惡化徵兆之掌握

　　債權回收行動，通常出掌握債務人信用惡化之徵兆而展開。本章將概述如何掌握債務人信用惡化情況，以及確認信用惡化情況後所應採取之對策。

　　「先下手為強」係債權回收之重要法則之一，如何掌握債務人信用惡化之徵兆，在債權回收行動中極為重要。惟信用惡化之徵兆具有多種多樣之內容，且視不同訊息來源所得之訊息深度或準確性亦相異其趣。

　　作為業績惡化徵兆之訊息來源，最容易取得者應屬伴隨著債權人日常交易活動而於其內部所自然累積之資訊。最為典型者，例如債權人之債權發生履行遲延，而掌握到債務人業績惡化之事實。此外，當債權人為銀行時，藉由對債務人結算帳戶進行交易紀錄分析，亦可早期發現債務人之信用惡化徵兆。其他，尚存在如以下即將介紹之債權人外部之訊息來源。

(1) 債權人外部之資訊來源

　　債權人外部之資訊來源亦多種多樣，以下僅就其主要者進行介紹。

a 債務人

(a) 財務報表

有關債務人之資訊，最重要者應屬財務報表。財務報表詳細記錄了債務人之財務狀況，尤其透過對財務報表內容進行跨年度分析，通常能發現異常數字而掌握到業績或信用惡化徵兆。此外，亦能大致判別出債務人信用惡化究竟係本業表現不佳，抑或因有價證券或衍生商品投資失利等一次性原因所致；同時亦能藉以推測債務人是否尚保有足以維持其信用之資產。至於財務報表之具體分析方法，建議進一步參考相關專門著作。

惟須謹記，財務報表亦隱藏著債務人虛飾之可能性。尤其非屬大公司（資本金 5 億圓[1] 以上或負債達 200 億圓以上之股份有限公司）或非屬委員會設置公司之企業，因其無接受會計監查人（公認會計師）強制性審計之義務（公司法 328 條、327 條 5 項），虛飾財報之情況並非少見（作爲債權人銀行，在接受會計監查人設置公司提出財務報表時，應要求併同提出審計報告書），即便未達虛飾財報之程度，亦或未將大量未實現損失如實反映於帳上。通常一旦能清楚掌握債務人實際之事業內容，即較易發現財報上不自然之警訊，如何察覺警訊及早發現債務人之信用惡化徵兆，係債權管理上最爲重要之事項。

---

[1] 本書之「圓」皆指「日圓」而言。

(b) 與債務人（含債務人律師）接觸

透過面談或電話等與債務人進行接觸，亦能獲取重要資訊。特別在與債務人交流過程當中，可了解包含債務人最新情況或財務內容以外之債務人整體情況等，各種有形無形之重要資訊。

惟有些情況，債務人本身掌握之資訊亦未必正確，或者未必願意揭露真正關鍵之資訊，應予注意。此外，當債務人無法即時配合提供準確訊息時，或許根本上其財務制度本身就不健全，亦或可合理懷疑其存在有不可告人之隱情。

b 法務局

(a) 不動產登記資訊

關於不動產登記，任何人均可透過申請而取得相關登記事項證明書。債務人不動產上，可能有為第三人之債權人設定（最高限額）抵押權等擔保權登記，或遭第三人債權人聲請為查封、假扣押或假處分等登記。而債務人對其不動產設定擔保，有時係為擴大事業而進行融資時所為，不能因而一概推論債務人有業績惡化跡象，惟因業績惡化而有融資需求時，亦經常會有擔保設定之情形。

應定期對債務人不動產有無異動登記進行核實，通常可從新登記之事項獲知一定訊息。例如，當出現查封登記或假扣押等保全處分時，應可推斷債務人已有債務不履行情事，或至少可推知最高限額抵押權已歸於確定。再者，當出現根據租稅滯納處分所

爲之查封登記時，亦可推知其超過法定繳納期限之租稅債務（優先於一般債權）金額爲數可觀。另外，信用狀況惡化中之企業爲金融機構所設定之最高限額抵押權，儘管被擔保債權額通常均接近最高限額，惟如係爲供應商設定之最高限額抵押權，則因進貨金額一般會隨業績惡化而降低，通常被擔保債權額將遠不及最高限額，因此對交易情況（財報上之進貨金額）與最高限額抵押權之最高限額間之關係等登記事項，頗值得深入分析。

(b) 債權讓與登記及動產讓與登記

關於債權讓與登記及動產讓與登記，任何人皆可透過申請而取得「概要紀錄事項證明書」及「登記事項概要證明書」，並可根據這些資料對債權或動產之讓與或質權設定等相關登記之有無及內容進行核實。

債權或動產之讓與，有基於多元化其資金籌措或爲壓縮有息負債等各種目的。固然不能一概認定債務人有業績惡化現象，惟確實許多情況，係因業績惡化而應債權人要求所爲之債權或動產讓與。此外，債權或動產之讓與或質權設定，除辦理讓與登記以外，亦有以通知或承諾（債權之情形）或交付（動產之情形）方式而具備對抗要件者，因此即便未辦理讓與登記，亦存在以其他方式進行債權或動產讓與、質權設定之可能性，應特別注意。

(c) 商業登記等

關於股份有限公司、特例有限公司、合同公司等之商業登記以及一般社團法人、一般財團法人之法人登記，任何人皆可透過申請而取得其「登記事項證明書」。債務人可能會因營業之承

受、控制股東之變化或業績惡化等原因,而更換董事或辦理增資、減資等手續。前述事實,雖未必足以顯示債務人信用或業績惡化,惟有時或與債務人信用、業況惡化有關。甚至有些情況下,亦可能發生未經法定之債權人個別催告程序,即逕為公司解散登記或分割登記之情形。至少,由該登記事項之變化,可窺知若干與債務人信用狀況相關之線索。

格式（僅例示與債權相關者）

1 概要紀錄事項證明書

概要紀錄事項證明書,可向全國各地法務局申請取得,就債務人所辦理之所有讓與登記,可得知其:①受讓人、質權人;或②登記年月日等內容。

2 登記事項概要證明書

登記事項概要證明書,可向動產、債權讓與登記之專責法務局(東京法務局)申請取得(亦可郵寄申請),可得知:③登記原因;④登記存續期間;⑤(債權讓與登記)標的債權總額(僅限於已發生債權之讓與)等事項之最新訊息。惟因未能反映債務人(讓與人、設定人)商號或總公司所在地變更,如欲調查變更前所為之讓與,應於知悉讓與當時之商號、總公司所在地等後提出申請。

圖表 2-1　概要紀錄事項證明書

現在概要紀錄事項證明書（債權）

東京都千代田區大手町○丁目○○番○○號
甲乙產業株式會社
會社法人等編號

商號	甲乙產業株式會社
總公司	東京都千代田區大手町○丁目○○番○○號
債權讓與	第 200 ○ -1000 號債權讓與 登記的年月日 　平成○年○月 8 日 受讓人 　東京都千代田區有樂町○丁目○○番○○號 　○○金融株式會社 <div align="right">平成○年○月 9 日登記</div>

本證明書係證明上述資料確為債權讓與登記事項概要檔案中所記錄
之現行有效事項之文件。
　　　平成○年○月○日
　東京法務局
　登記官　　　　　　　法務太郎　　印

整理編號

圖表 2-2　登記事項概要證明書

登記事項概要證明書

【登記目的】：債權讓與登記　　　　　　　　　　　　概要事項

【讓與人】
　【總公司等】：東京都千代田區大手町○丁目○○番○○號
　【商號等】：○○產業株式會社
　【會社法人編號】：―
　【經辦店】：―
　【日本國內營業所】：―

【受讓人】
　【總公司等】：東京都千代田區有樂町○丁目○○番○○號
　【商號等】：○○金融株式會社
　【會社法人編號】：―
　【經辦店】：―
　【日本國內營業所】：―
【登記原因日】：平成○年○月 1 日
【登記原因（契約名稱）】：買賣
【債權總額】：100,000,000 圓
【被擔保債權額】：―
【登記存續期間屆滿日】：平成○年○月 30 日
【備註】：―
【申請分類】：臨櫃
【登記編號】：第 200 ○ -10000 號
【登記年月日】平成○年○月 8 日　　10 時 10 分

【紀錄檢索範圍】截止至平成 18 年 5 月 8 日
本證明書係證明上述資料確為債權讓與登記檔案中所記錄之現行有
效事項之文件。
　　　　平成○年○月○日
　東京法務局　　登記官　　　　　　法務一郎　㊞
（註）本證明書對債權之存否不予證明。
　　　　　　　　　　　　　　　　〔證明書編號〕20 ○○ 001111

c 法務局以外第三人

(a) 票據交換所

債權人如係票據交換所之參加銀行，則可透過票據交換所之
退票通報或拒絕往來通報得知退票相關訊息。票據退票，係攸關
債務人償債能力之重要訊息。長期以來，遭到銀行拒絕往來者，
一般均被認為係「事實上破產」，是經營陷入困境之明確指標。
惟近年來票據交易額持續減少中，且不少企業亦有為避免洩漏信
用惡化跡象而迴避使用票據之情況，必須注意。

另外，今後以電子記錄債權取代票據之情況勢必越趨普
及，透過專屬網路平臺 www.densai.net 所為之交易，亦有類似於
傳統票據交易中之退票及銀行拒絕往來處分制度。

(b) 信用資料機構

倘債權人有加盟信用資料機構，亦可使用該信用資料機構所
提供之資料。惟因各信用資料機構對其資料之使用目的均有一定
限制，資料使用不得違反其目的。此外，光憑信用資料機關所提
供之訊息，亦無法完全掌握債務人之所有借款，應當注意。

(c) 信用調查公司

信用調查公司所提供之信用調查報告，通常能揭露與債務
人之業務、財務、往來廠商、保有資產等有關之訊息。惟信用調
查公司所掌握訊息，有時或許過於老舊，若想獲知最新之債務人
訊息，或需花費更多時間和費用。此外，信用調查報告中所含訊
息，有時難免不夠準確，需特別注意。必要時，或應委託更具彈

性之徵信公司進行必要調查。

(d) 債務人同業及往來廠商等第三人

法務局以外之第三人中，債務人同業及往來廠商亦為取得債務人相關訊息之有力來源。債務人同業或往來廠商，通常均高度關注債務人之信用狀況，故可自彼等身上獲取有用之訊息。當然，亦存在訊息零散或不準確之問題，應謹慎篩選。

(2) 信用惡化徵兆

由以上資訊來源，可以獲知諸多債務人之信用惡化徵兆。有可供推斷業績輕度惡化之事件，亦有債務人財務內容嚴重惡化或債務人償債能力顯著劣化之事件。

越屬後者之事件，越有應儘速著手展開債權回收行動之必要。惟與此同時，亦存在各種法令上對債權回收行動之重大制約，應予注意（例如，破產法上對偏頗性清償之撤銷等）。

圖表 2-3 所列之信用惡化相關事件，除有企業一般性活動之事件外，尚包括與銀行交易相關事件，值得銀行特別注意。

惟圖表 2-3 所列僅係一般性例示事件，有時出現以下事件後，經調查始發現真正原因與信用惡化並不相干，抑或相反，若干看似輕微之事件組合後竟導致嚴重的信用惡化。故絕不能僅憑片面訊息而作形式上之判斷，而應進行多方面的資訊蒐集及分析。

圖表 2-3　信用惡化徵兆

	企業一般性活動相關事件	銀行交易相關事件
顯示業績輕度惡化（或可能性）之現象	① 營業收入下降 ② 營業利潤利下降 ③ 認列一次性營業損失或經常損失等或其他財報上各種指標之惡化 ④ 債務人對其不動產設定擔保權 ⑤ 讓與應收帳款或其他資產 ⑥ 有債務人業績惡化之傳言 ⑦ 有異常之董事更動或特殊人物進出	① 流動性存款平均餘額下降 ② 通常結算日外之票據結算 ③ 定期存款之期日前解約 ④ 票據貼現請求激增 ⑤ 貼現票據發票人之變化 ⑥ 往來銀行之變化（減少與主要往來銀行交易、往來銀行之增加等）
中度之現象	① 認列慢性營業損失或經常損失等 ② 一次性之退票紀錄 ③ 債務人之資產遭（假）扣押等 ④ 發生債務不履行 ⑤ 債務人請求寬延付款或變更清償期 ⑥ 難與會計負責人取得聯繫	① 支票存款透支 ② 請求退還支付票據 ③ 債務人請求追加融資（尤其係營運資金計畫中所無、迫切需要動用資金、資金用途不明確等異常者） ④ 發生遲延
顯示業績嚴重惡化（或可能性）之現象	① 聲請公司更生、民事再生、破產等各種債務清理程序 ② 收受債務人律師之介入通知 ③ 債務人遭銀行為拒絕往來處分	① 持續發生遲延

2 預知信用惡化時之基本動作

　　當認知到上述債務人信用惡化（或可能性）時，應立即對自己的權利內容及其保全狀況進行核實，並掌握有無不能回收之可能性及其內容。依此而確立今後與債務人間之交易方針及現有債權之回收方針。以下，就進行此種判斷所需之前提事項稍作說明。以下作業，應視債務人財務狀況而定，當某些情況下並無充裕運用時間時，可視急迫性而彈性處置。

(1) 保全狀況確認表之製作

　　當認知到債務人信用惡化（或可能性）時，為明確掌握回收不能之可能性及程度，並重新確認現有債權之保全狀況，建議可製作一份保全狀況確認表。

　　保全狀況確認表，於表左側記載債權相關事項，右側則記載擔保權或保證保全相關事項，以便確認可由擔保等確保回收之債權部分，及有回收疑慮之部分。以債權人為銀行之情形為例，大致如圖表 2-4 所示。

圖表 2-4　保全狀況確認表範例　　　　　　　　　　（單位：百万圓）

保全狀況確認表						
授信交易		**餘額**	**保全內容**		**金額**	**備註**
票據貼現		10	擔保存款		10	流動性存款 10 債務人定期 4 保證人（負責人）定期 2 （期限利益尚未喪失）
票據貸款		50				
透支		60				
證書貸款	12.4.1 動用	10				
	12.9.1 動用	30	票據（結算確實部分）		5	
	11.3.1 動用 保證協會保證	15	保證協會（11.3.1 證貸）		15	
			有價證券（最高限額質）		5	換價容易
衍生商品	暫付款	5	不動產	總公司土地建物（最高限額抵押）	40	12.5.1 以不動產鑑定金額之 80% 計。以下同。
	解約金（概算）	10				
小計		190		A 倉庫（特定抵押：12.4.1 證貸）	10	基地為租地（租金支付情況待確認）
			小計		85	
			差額		▲ 105	
負責人個人證書貸款		20	不動產	負責人自宅（特定抵押：負責人個人證貸）	10	
合計（含公司交易）		210				
			合計（含公司交易）		95	
			差額（含公司交易）		▲ 115	

其次，簡單說明製作保全狀況確認表時應留意之點。第一，製作保全狀況確認表應該要趁早。資訊尚不完全部分，可先較保守的填寫並備註，儘量就手中已掌握之資料填寫，再視情況發展隨時更新。

第二，應實質性且全面性的填寫。與其他分行交易相關之債權或偶發性債權亦不能忽略。另一方面，就擔保權保全相關事項，不必拘泥於擔保權或保證等字面，實質上形同擔保性質者亦應涵蓋。例如，金融機構保管中之有價證券、抵銷適狀債權等，因債權人可透過行使商事留置權或抵銷權而回收債權，亦應將這些項目反映於保全狀況確認表中。

第三，為免錯失強化保全機會，應儘量保守的填寫。債權方面，若屬繼續性交易之情形，對發生蓋然性較高之債權，亦應納入。擔保方面，可獲得保全之金額，應限於確實部分。例如，即便有債務人存款，於未達抵銷適狀前，不應將擔保存款以外之流動性存款視作回收財源，故於填寫保全狀況確認表時，不應將其列入或應加以註記。此外，對於停止變更名義中之高爾夫會員權利或換價困難之不動產等，亦應將其擔保價值調整至實際可換價金額（對於擔保估價，應註記其根據）。

(2) 確認權利內容

當預知債務人信用惡化之時，除製作保全狀況確認表外，尚應重新確認債權人所保有之權利內容。應再檢查確認之權利內容，包括：①契約書等形式；②契約之成立有無問題；③擔保權

是否具備對抗要件。

a 契約書等形式上之檢查

對於各種契約文件，應再度檢查其內容並確認相關必要文件是否齊全。通常金融機關債權人較少發生契約文件不備之疏失，惟一般實業公司常見尚未簽署正式契約文件，即匆匆展開交易之情形，應當注意。

當經過檢查發現有問題時，應及時要求債務人等具有正當權限之當事人進行補充或訂正。惟一旦債務人信用惡化已檯面化時，其未必願意配合，此時，應將有問題之部分詳實記載於保全狀況確認表，並對該部分採取適切之行動。

b 契約之成立有無問題之檢查

就契約書等，應當確認：該契約是否經有代表權或代理權之人簽署？有無未成年或欠缺意思能力等問題？有無利害衝突等情事？

另外，就信用保證協會或保證公司提供保證之案件，是否有因違反與信用保證協會或保證公司間約定而導致保證契約不成立之情形，或者因該當於保證免責條款而致無法請求履行保證義務之情形，應特別注意。

c 擔保權等是否具備對抗要件之確認

對於不動產（最高限額）抵押權等，應確認其是否已完成登記，並因而具備對抗要件。對於有價證券之讓與擔保，則應確認

是否已占有該有價證券。對於指名債權之質權，則應確認對債務人有無進行通知，有無債務人發出之承諾或有無辦理債權讓與登記。

(3) 對關係人之聯絡、報告

當認知到債務人信用惡化（或可能性）時，應立即向關係人聯絡、報告。

首先，應立即向所屬上司報告。即便對自己所掌握到之資訊尚未完全消化，亦應依所知之事實部分儘量準確傳達。作為債權回收前線基地之營業單位，為做好彙整相關情報之工作，應及時建立債權管理緊急聯絡方式及應對體制。

其次，對其他相關部門亦應迅速作好資訊聯絡、報告。聯絡或報告對象，可遵循組織內規，例如，授信管理主管部門及其他對同一債務人有授信關係之部門。為避免資訊傳達混亂，建議部門間應指定特定聯絡窗口。

(4) 各種調查

當預知債務人信用惡化（或可能性）時，除以上 (1) 及 (2) 所述諸項外，尚須同步展開各種調查。調查不能毫無章法，而應依信用惡化徵兆之內容及債權保全狀況、保全內容之觀點，按緊急性、重要性高低依序為之。

例如，於擔保保全具重要性之案件，應確認擔保物件是否尚處於良好狀態，有無發生其他債權人占有等妨礙實行擔保權之事

實。再者，於以抵銷方式回收債權之案件，爲達抵銷適狀，應優先對期限利益喪失事由之發生進行確認。另一方面，就債權保全不足之債務人，應對可作爲追加擔保之相關資產進行調查。

(5) 擬定債權回收計畫

當掌握到信用惡化徵兆時，除製作保全狀況確認表、確認權利內容、向關係人進行聯絡及報告並實施調查確認之外，尚應擬定債權回收方針及計畫。

a 交易方針

債權回收方針大致可分爲以下幾種：①不特別進行債權回收（維持交易）；②展開債權回收（停止交易）；③協助債務人再生（協助再生）。

進一步看，則應依照債務人之信用惡化或保全確保程度，或與債務人間之關係（若爲銀行者，係主力銀行交易之上位行或下位行等）、其他債權人情況等，考慮可能採行之各種選項。例如：①即便維持現狀，但是否應要求追加保全？②若停止交易，則是否應展開強制性回收？③協助再生，除寬限清償外，是否應免除其債務〔或以債作股（DES）、以債作債（DDS）〕？是否應積極向債務人提供建言，主導再生工作？

再者，例如，儘管優先考慮③協助再生之方針，惟始終未能擬定合理再生計畫，僅一再延後清償期（re-schedule），則因債務人財產極可能將隨時間流逝而流失或毀損，故亦應事先估妥轉

換時機點，以便能及時切換成②之停止交易方針，甚至展開強制性回收行動。

b 選定回收對象資產

於要求追加保全或展開債權回收行動之際，選擇擔保物或償債財源之資產時，主要應考量該資產之回收可能性、換價處分容易性及回收行動可能對債務人造成之衝擊。

例如，對存款或應收帳款展開債權回收行動時，雖具有能直接滿足債權之優點，惟突然對存款或應收帳款進行扣押，亦極可能對債務人資金週轉造成衝擊，進而增加其事業再生難度，或造成與債務人間之矛盾而損及其對回收行動之配合意願，反而無助於債權回收之最大化。

3 與債務人協商應留意點

(1) 關於協商之安排

a 以當面協商為原則

與債務人進行協商，可能有電話、書面（郵件）或面談等各種型態。惟一旦掌握債務人信用惡化徵兆之後，即應盡早安排當面與其進行對話。透過面談，可直觀地了解債務人狀態、債務人事業進行情況及其他債權人動向等廣泛資訊，亦能視對方反應或回答而可當場追加提問或書面，或要求提供新擔保物等。此外，透過面談，亦可讓債務人感受債權人對債權回收之認真程度，有利於誘導債務人秉持誠意履行債務。電話或書面方式，在即時性或記錄性等方面有其優點，惟仍應將其視為補助性手段。

b 安排適當之場所、時間

與債務人進行協商時，對於場所及時間安排亦應適當注意。場所方面，主要應避開無端令債務人感到困擾之場所。例如，若債務人為個人，則於債務人之住家或職場進行面談，應充分考慮債務人家屬或同事之存在。時間方面，為避免無端妨害債務人之生活安寧，應留意面談及致電時間（關於貸款業者，根據

貸款業法[2]21 條 1 項 1 款、貸款業法施行規則 19 條 1 項規定，原則上禁止於晚上 9 點後至上午 8 點前，為收取債權而訪問或致電債務人住所，可為參考）。不得已而須於深夜進行協商時，亦應儘量將場所及時間之安排經過及理由記錄下來備查。

另外，與債務人之協商，除上述時間及場所之考慮外，亦應採取適當之進行方式。有關這一點，貸款業法 2 章 2 節第 21 條以下諸規定及債權管理回收法第 3 章諸規定，對於債權收取行為均設有專門規定。這些規定雖不直接適用於非貸款業者或非債權管理公司之人（例如銀行即不適用），惟無論有無適用，仍宜參酌其精神而審慎行動。

c 二人以上共同行動

安排進行面談之際，原則上應以二人以上共同行動為宜。主要用意在於避免被債務人誤指為不當討債行為，尤其於債務人控制下之場所會面時，對債權人之人身安全亦較有保障。進行面談時，可作適當之任務分工，有人專門擔任記錄工作者，可讓會談進行更有效率。

---

2 原作「貸金業法」，是日本法中專門用來規範銀行等傳統金融機構以外之從事貸款業者之專門法令。

(2) 事前準備

a 設定目標

與債務人進行協商時，應重視事前準備工作。首要者，應明確協商目的，確定於有限協商機會中之最低限努力目標及其優先順位。例如，當債權證書存在形式上問題時，應將要求債務人對其進行補充、訂正列爲最優先課題，而將蒐集債務人往來廠商或結算條件等與債權保全相關之資訊作爲次要課題。

b 確認所攜帶物品

選擇隨身攜帶之資料亦爲重要。債務人或因文件逸散等而無法釐清事實關係，實務上亦常遇債務人之認知與事實全然相反，或者遭債務人反問之情形。爲便於債權人可當場說明事實關係，有助於與債務人達成共識，並避免無謂混亂和情緒摩擦，建議所攜資料至少應達足以說明債權發生經過及金額之程度。

此外，亦應備妥適當之筆記用具。於協商現場，各種情況均有可能發生，爲便於記錄，應備妥適當筆記用具。另，雖不見得派上用場，但錄音、錄像用具、債務人現場付款所需之收據用紙、債務人簽署文件時之印泥等物品等亦應隨身攜帶。

(3) 協商時之注意點

a 協商之時期、頻率

一般而言，越早與債務人展開協商，則債權保全手段之選擇

性亦越高，因此應盡早把握與與債務人進行協商之機會。另外，與債務人保持密切接觸，通常較能獲取最新資訊亦較容易得到債務人配合，持續性協商甚為必要。故建議應於每次協商後即約定下次協商，並要求債務人應於下次協商前完成應辦事項，或訂好完成期限要求債務人準時完成。

b 協商之態度

作為債權人，應儘量以明確的姿態面對債務人，避免因態度曖昧而令其抱持無謂之期待或感到不安。

另外，溝通時應保持冷靜之語氣，避免隨意大聲斥喝給債務人造成無謂壓力，對債務人提問，亦應準確回應以增加其信賴感，並應努力從債務人口中打探出有益資訊。

信用惡化時之債務人經常出爾反爾，故協商課題儘量應當場解決。例如，當債務人承諾重新確認權利關係或設定新擔保權時，便應當場作成書面並請其當面簽字用印，留下客觀證據。當債務人同意清償者，即應當場清償。應了解即便是僅僅數個鐘頭的時間，一旦接受其寬限請求，債務人便可能於短時間內改變態度拒絕清償。

最後，協商紀錄之製作，不應過於簡略，應儘量以對話形式詳實記錄協商過程。

第 **3** 章

新擔保及保證之取得
（保全強化）

1 擔保及保證之意義

　　於經營情況正常且信用健全之情況下，債務人通常均能於所約定期限清償債務。然而債務人之信用及資金計畫係處於不斷變化之狀態，難免存在不能依原定計畫準時清償債務之風險。

　　為避免發生此種狀況，有必要預先向債務人徵求擔保，以便得就該財產優先其他債權人獲得回收，或徵求債務人外之第三人提供擔保或保證，而由該第三人之財產獲得回收。

2 擔保權之基本概念

(1) 擔保權之種類

a 典型擔保與非典型擔保

以下，將就日本法上各種擔保權之設定方法進行解說。在此之前，擬先對擔保權之種類、法律特性及其設定程序稍加說明。

關於擔保權，民法所規定之留置權[1]、先取特權[2]、質權、抵押權等稱為典型擔保。另一方面，民法中未規定而僅為一般交易習慣所承認之預告登記擔保[3]、保留所有權[4]、讓與擔保等則稱為非典型擔保。（參照圖表 3-1）

---

[1] 日本採民商分立制，除民法上之民事留置權外，尚有商法上之商事留置權。

[2] 日本法之「先取特權」在臺灣法上並無直接對應之專門用語，其實質上屬於法定擔保物權的一種，有優先於一般債權而受償之效力。又可細分為一般先取特權、動產先取特權及不動產先取特權等類。

[3] 日本之「預告登記擔保」係一種結合代物清償預約及不動產預告登記制度之擔保型態。當債務人怠於清償時，債權人可將債務人之不動產所有權移轉予自己。

[4] 日本實務之「保留所有權」主要係作為動產買賣契約中之特約，以擔保買賣價金之支付，此點基本上與臺灣相同。惟日本並無如臺灣法上之登記公示制度，公示手段主要仰賴當事人間約定於標的物上為一定物理性標示（貼附名牌等）。

圖表 3-1

典型擔保	法定擔保物權	留置權
		先取特權
	約定擔保物權	質權
		抵押權
非典型擔保		預告登記擔保
		保留所有權
		讓與擔保

b 法定擔保物權與約定擔保物權

關於擔保權，依法定要件在法律上當然發生者稱爲法定擔保物權（如留置權、先取特權），依當事人約定而發生者則稱爲約定擔保物權（如質權、抵押權、預告登記擔保、保留所有權、讓與擔保等）（參照圖表 3-1）。本章主要係針對約定擔保物權進行介紹。

(2) 擔保權之法律特性

a 從屬性

各種擔保權之間有其共通特性。首先，擔保權係爲確保被擔保債權之履行而設定，故其存立應與被擔保債權同一命運，當被擔保債權不成立時則擔保權亦不成立，一旦被擔保債權消滅時則擔保權亦應歸於消滅。此特性稱爲擔保權存立上之從屬性。其次，當被擔保債權移轉時，擔保權亦應隨其移轉，此特性稱爲擔

保權移轉上之從屬性。但確定前之最高限額擔保權，例外地不具備上述兩種從屬性。

b 不可分性

擔保權人在被擔保債權獲得全額清償前，得就全部擔保物行使其權利。故即使對擔保債權分期清償或一部提前清償，亦不需就相應之擔保爲一部解除。此外，當就某一債權而於二個財產上設定擔保權時，即便其中某個擔保物滅失，仍得就剩餘之擔保物行使其權利。此種特性稱爲擔保權之不可分性。

c 物上代位性

①當擔保物被出賣、出租或徵收時，擔保權效力仍及於其出賣價金請求權、租金請求權或補償金請求權；②擔保物滅失、毀損時，擔保權效力仍及於保險金請求權、損害賠償請求權（但留置權並不具備此種物上代位性）。此種擔保權人地位可延伸至擔保物之替代物上之特性，又稱爲物上代位性。

當擔保權人欲主張物上代位時，須於該代替物之金額被給付之前對其實施扣押始可。例如，當抵押建物被燒毀後，抵押權人爲取得火災保險金之優先給付，應於保險公司向設定人爲給付前對其進行扣押。因此，爲避免於事故發生時慌亂無章，亦可在設定建物擔保權時，一併要求對火災保險金請求權設定質權。惟實際上當建物發生火災時，直接收取保險金作爲貸款回收之案例並不多見，大半係將保險金用於修復或重建受災建物，於改建完成

後再重新設定擔保。

(3) 擔保權設定程序

a 簽訂擔保權設定契約

約定擔保權，因擔保物所有權人與債權人間，就該擔保物簽訂擔保權設定契約而成立。作為債權人，為確保該契約之有效性沒有疑義，有必要對當事人意思進行適當之確認。

b 具備對抗要件

以抵押權為例，於債權人設定抵押權之不動產上，亦可能發生其他債權人設定抵押權之情形。此時，即便自己之抵押權設定契約簽訂在先，惟仍應先於其他債權人為抵押權設定登記（對抗要件）[5] 後，始得就該不動產有優先於其他債權人受償之權利。

亦即，雖擔保權設定契約簽訂在先，但若未具備對抗要件，則並不能完全取得擔保權，即不得對就同一擔保物有利害關係之第三人主張擔保權之存在。

因此，自債權人之授信管理觀點言之，即便簽訂擔保權設定契約，惟若尚未具備對抗要件，則形同無擔保一般。除非確有需要安排進行保留登記之特殊情形外，應盡量以具備對抗要件（至

---

[5] 日本法就不動產物權之變動採登記對抗主義。根據日本民法第 177 條規定：不動產物權之得喪及變更，非依不動產登記法或其他相關登記法律之規定進行登記者，不得對抗第三人。

少預告登記）爲宜。另外，就上述所稱之「第三人」，一般情況下較具代表性之情況可舉例如圖表 3-2。

(4) 擔保物之選定

法律上，不論其財產性質，原則上不動產、動產、債權（有價證券、指名債權）或無體財產權（智慧財產權）均可作爲擔保物。

儘管如此，若進行換價處分之難度高，則作爲擔保物之價值顯然不大。再者，若擔保物管理手續過於繁雜者，亦應儘量避免。總之，選擇擔保物時應盡可能先考慮以下物品：①擔保物價值容易維持者；②擔保物容易進行換價者；③擔保物之管理不會過於繁雜者。

一般而言，不動產相對動產其於擔保物之保管上負擔較小，亦容易透過鑑價以掌握其客觀價值，其價值變動幅度通常不大，且換價亦不困難。因此，倘若不動產尚具剩餘價值，通常應優先作爲擔保物。當然，當債務人經營情況不佳，已無任何具剩餘價值之不動產時，有必要進一步尋找其他財產作爲擔保物。

接著，就不動產、動產及指名債權等幾種主要擔保物，以其作爲擔保物時，應留意之點稍作整理如後。

圖表 3-2

第三人	向第三人主張擔保權所必要之具備對抗要件時點	遲延對抗要件之具備，對債權回收之影響
同一擔保物上其他擔保權人	其他擔保權人具備對抗要件之前	債權人不得向其他擔保權人主張擔保權存在，其他擔保權人得就擔保物優先受償。
擔保物買受人	買受人具備對抗要件之前	債權人不得向買受人主張擔保權存仕，擔保權將失去效力。
對擔保物實施扣押之債權人	發生查封扣押效力之前（例如標的物為不動產者，於查封登記之前）	債權人不得向扣押債權人或買受人主張擔保權存在。①除非另行要求分配，否則無法於強制執行程序中獲得分配；②當擔保物於程序中出賣予買受人後，擔保權即消滅。
擔保設定人之破產管理人、再生債務人、更生管理人（裁定債務清理程序開始，實質上係概括性強制執行）	於裁定債務清理程序（破產程序、民事再生程序、公司更生程序）開始之前。但即使於債務清理程序開始前具備對抗要件，亦不能排除嗣後在債務清理程序中，被行使撤銷權之可能性。	因債權人不得於債務清理程序中主張擔保權存在，該擔保權即無法成為別除權或更生擔保權，僅能依債務清理程序接受分配。

土地及建物之擔保設定

(1) 擔保權概要

a 普通抵押權及最高限額抵押權

以土地、建物作爲擔保物之情形，一般係設定抵押權（理論上亦可設定質權[6]或讓與擔保權，惟實務上甚爲少見）。

關於抵押權，若被擔保債權係可特定者，稱爲普通抵押權。相對於此，若被擔保債權係不特定者，則爲最高限額抵押權。惟最高限額抵押並非完全未作限定，亦須確定該被擔保債權範圍及最高限額額度。

銀行實務上，通常將被擔保債權範圍表述爲「因銀行交易所生之一切債權」、「銀行自第三人所取得之票據上之債權、電子紀錄上之債權」等。而上述「因銀行交易所生之一切債權」，通常亦包含受信交易或匯兌交易之手續費等債權。

以下，將普通抵押權與最高限額抵押權之主要區別整理如圖表 3-3。

---

[6] 於日本法上，亦可對不動產設定質權。（日本民法第 356 條等）

圖表 3-3

	普通抵押權	最高限額抵押權
被擔保債權	被擔保債權特定。	被擔保債權於契約所定「被擔保債權之範圍」內隨時變動。
優先清償範圍	原債權加上自分配時 及最後 2 年間所生之利息、遲延利息可優先受償。	原債權和利息、遲延利息在最高限額內可優先受償。 惟原債權確定後,若最高限額抵押權設定人提出請求者,應減至現存債權額加上其後 2 年間所生之利息、遲延利息。
從屬性的有無	具從屬性。	不具從屬性(被擔保債權消滅、移轉時,最高限額抵押權並不隨之消滅、移轉。)。 惟原債權確定後,具從屬性。

b 最高限額抵押權原債權之確定

關於最高限額抵押權,被擔保債權係於所定範圍內隨時變動,但一旦發生最高限額抵押權原債權確定事由,則被擔保債權將被確定為該時點所存在之債權(惟應包含該時點所存在之原債權其後所生之利息債權、遲延利息債權)。而於該事實發生後始發生之原債權,不為最高限額抵押權所擔保。此即謂最高限額抵押權原債權之確定。

最高限額抵押權之原債權一經確定後,則①不得對最高限額抵押權作全部或一部讓與,亦不得進行與最高限額抵押權人或被擔保債權債務人繼承人間之合意登記(參照圖表 3-4);②物上

保證人得請求減少最高限額、請求消滅最高限額抵押權，且被擔保債權一旦消滅、移轉，最高限額抵押權亦隨之消滅、移轉（從屬性）。另外，關於最高限額或順位之變更，則不問確定之前後均得爲之。

倘若未確實掌握最高限額抵押權之確定，則極可能有誤認爲被最高限額抵押權所擔保而進行融資，但卻因原債權已先行確定而實際上並未能被擔保之情況。因此，務必對最高限額抵押權原債權之確定，進行精確之管理。關於最高限額抵押權之原債權確定事由，主要如圖表 3-4 所列。

圖表 3-4

確定事由	確定時期	留意點
確定期日屆至		當事人有約定確定期日之情形，該確定期日必須爲自約定時起 5 年內屆至者。
行使確定請求權	（設定人行使者）行使確定請求權起 2 週後。	未約定確定日之情形，設定人於設定起 3 年後，得請求確定。
	（抵押權人行使者）行使確定請求權之時。	未約定確定日之情形，抵押權人得隨時請求確定。
標的不動產之強制換價	（最高限額抵押權人本人聲請拍賣或擔保不動產收益執行，或聲請物上代位之扣押者）聲請時。	但因撤回等致程序並未開始或未作出扣押裁定者，不爲確定。
	（最高限額抵押權人以外之第三人聲請開始拍賣程序或因滯納處分而被實施扣押者）最高限額抵押權人知悉拍賣程序開始或知悉扣押時起 2 週後。	但因撤回等致程序並未開始或滯納處分之扣押效力消滅者，應視爲原債權並未確定。但因相信原債權已確定，而取得最高限額抵押權或以此爲標的之權利者，其確定之效力並不消滅。

確定事由	確定時期	留意點
	（債務人或最高限額抵押權設定人受裁定開始破產程序者）裁定開始時。	此外，民事再生程序或更生程序之開始並不使原債權因而確定。但如有許可消滅擔保權之裁定者，則於最高限額抵押權人收受該裁定書之送達 2 週後，歸於確定。
繼承	（最高限額抵押權人或債務人之繼承開始，未於 6 個月內達成繼承之合意並辦理登記者）繼承開始時。	最高限額抵押權人或債務人死亡之情形，若抵押權人（之繼承人）與設定人間（繼承人為多數時，指定成為債權人或債務人之繼承人）於 6 個月內就抵押權之繼承達成合意並辦理登記者，最高限額抵押權應視為自始未確定。但若未達成該合意並登記者，則溯及至繼承開始時，最高限額抵押權視為已確定。設定人係非債務人之物上保證人之情形，即使設定人死亡，最高限額抵押權亦不為確定。
合併或公司分割	最高限額抵押權並不僅因最高限額抵押權人或債務人發生合併或公司分割而告確定。但設定人有此種合併或公司分割時，得請求確定原債權，並視為原債權於合併或公司分割之時，歸於確定。惟上述原債權確定請求，若於知悉合併或公司分割逾 2 週或合併或公司分割逾 1 個月後，即不得行使。此外，債務人發生合併或公司分割之情形時，若債務人本身即為設定人者，則不享有確定請求權。	

c 共同最高限額抵押與累積式最高限額抵押

案　例

　　債權人對債務人（公司）經常性保有 1 億圓之債權額，為擔保該債權，於土地 A（估價 4,000 萬圓）及土地 B（估價 6,000 萬圓）上設定最高限額抵押權。

當債務人及被擔保債權範圍相同，而擬對多數不動產設定最高限額抵押權時，可選擇採取「累積式」最高限額抵押或「共同」最高限額抵押方式。

例如，若選擇就土地 A 及土地 B 設定最高限額分別為 4,000 萬圓及 6,000 萬圓之最高限額抵押權（即累積式最高限額抵押），則就各物件在各自最高限額內有優先受償權。然而，當土地 A 及土地 B 分別被以 8,000 萬圓及 2,000 萬圓獲得處分時，則債權人僅能自土地 A 獲得最高限額 4,000 萬圓、自土地 B 獲得 2,000 萬圓合計共 6,000 萬圓之回收。

相對於此，將各物件之最高限額統一，而與最高限額抵押權設定人達成最高限額抵押權共同擔保之合意並為登記者，則於同一最高限額內，各不動產將按其價值而分配擔保債權額（即共同最高限額抵押）。例如，就 A 土地與 B 土地設定最高限額為 1 億圓之共同最高限額抵押，則只要兩物件合計價值超過 1 億圓，則不論其個別價值如何，債權人均能確實回收 1 億圓。

如上所示，共同最高限額抵押於擔保物估價方面，具有明顯優點。故而當已設定有先順位之共同最高限額抵押或各物件具經濟上一體性等，難就個別物件準確評估其價值之情形時，適合採用共同最高限額抵押。

(2) 設定擔保權時之調查事項

儘管是不動產，仍可能因存在權利上重大限制以至減損其換價價值。因此，於取得不動產抵押物之際，應對其擔保適格性進

行事前確認。

a 確認擔保物件之狀態

為準確掌握標的不動產所在及其狀態，首先應對其不動產登記（「全部事項證明書」）之「標示部」進行確認。

以土地而言，由地目可看出土地主要用途，有必要對其加以確認以判斷其是否適合作為擔保物。一般說來，地目中之「建地」或「雜項地」係屬換價處分性較高之土地；「田」「旱」等農地、「山林」、「原野」、「池沼」等則屬換價處分性較低之土地。

至於建物，則可根據登記原因及日期對該建築之屋齡進行確認。此外，日本於 1981 年 6 月修正建築基準法時導入新耐震標準，新耐震標準實施前所建之建物，其換價價值一般較低，對此應特別留意。

再者，為掌握標的不動產之位置及形狀等，亦有必要進行現場勘查。正式勘查前，如為土地者，可先調取不動產登記法第14 條第 1 項所規定之相關地圖或書面（公圖）、地積測量圖；如為建物者，可先調取相關建築圖等（任何人皆可自由前往「法務局」調閱）。惟公圖有時恐亦有準確度不足、位置或形狀與現場不一致之問題，而地積測量圖或建築圖有時亦未必完整，需加以留意。

b 確認擔保物件之權利關係

(a) 確認不動產之所有權

不動產所有權相關事項，主要係記載於不動產登記之「所有權部（甲區）」。首先，應確認抵押權設定人是否係登記名義上之所有權人。

其次，當抵押權設定人僅係標的不動產之共有人並僅就其持分設定抵押權時，由於其現實上之換價性極差，故最好能安排全體共有人就各自持分同時設定擔保。

再者，於標的不動產登記之甲區中，通常亦登記有：①預告登記權人；②買回權人；③假處分權人；④假扣押債權人；⑤（因裁定開始拍賣或滯納處分而為）查封之情形，以上登記均會影響抵押權之回收，應充分予以注意。其中，於上述②之情形（附買回特約）之不動產上設定抵押權時，對一旦行使買回權時設定人（買受人）可對出賣人享有之買回價金債權，最好亦能設定債權擔保。

(b) 確認不動產所有權以外之權利

登記上之「他項權利部（乙區）」，主要記載所有權以外之其他權利事項。可根據其記載內容確認有無先順位抵押權人、地上權人、租借權人等以及各該權利之預告登記權人。

但關於借地權（以建物所有為目的之土地租借權及地上權），當土地上存在借地權人所有之已登記建物，則即使未登記亦具有對抗效力；至於借屋權（建物租借權），則僅需交付建物即具有對抗效力。

(c) 租稅滯納的有無及金額

當抵押權登記之時間點早於法定納稅期限者，則其被擔保債權可優先於國稅（地方稅等亦同）受償，惟若登記之時間點後於法定納稅期限等者，則其被擔保債權將劣後於租稅。故於設定抵押權之際，應清楚掌握抵押權設定人之租稅滯納情況，至少應於擔保品估價時預先扣除滯納租稅額。

c 確認擔保物件之相關公法上限制

不動產在處分或使用方法上可能受若干法令規定之限制。若存在該種限制，將可能損及不動產之換價價值，值得注意。較具代表性之限制性法令有：建築基準法（與道路鄰接狀況限制、建蔽率和容積率、高度限制等）及都市計畫法（一定區域內建物用途限制等）。

其他尚有關於農地（農地法）、林地（森林法、保安林整備臨時措置法）、河川（河川法）、海岸（海岸法、港灣法）、公園綠地（自然公園法、自然環境保全法）、傾斜地（宅地造成等規制法、地滑等防止法、急傾斜地崩塌災害防止法）、文化財等（文化財保護法、古都保存法）等之法令。

d 現場勘查

就以上擔保物件之存在、權利關係或公法上限制等之確認，不能僅仰賴書面文件之確認，現場勘查工作亦相當重要。尤其對現場情況與登記事項證明書上之記載是否一致？是否存在租借權？都必須審慎確認。

現場勘查時之具體勘查事項，大致可整理如下：①土地地勢與形狀；②登記事項證明書（土地面積、地目、建物種類、構造、面積等）之一致性；③土地利用方法（空地、建物基地、農地等）；④土地經濟一體性之範圍（作為整體利用之土地，若未設定整體擔保則可能損及換價價值）；⑤建物使用情況（自用、閒置、出租等）；⑥環境、交通及其他影響其換價處分性之諸事項。

當然，如欲就空地設定抵押權，應先確認土地上確實未存在任何建物。倘若該土地上存在第三人所有之建物或有法定地上權，則僅剩基地部分之價值〔若土地及其上之建物屬同一人所有，而僅就土地或建物之一設定抵押權，一旦因實行抵押權而致土地與建物異其所有人者，該建物將被視為設定有地上權（法定地上權，民法 388 條）〕。

此外，正如對建設資金進行融資一般，雖係以空地設定擔保，但預計將來於空地上興建房屋。此種情形，通常均會要求應於完成保存登記同時，應立即提交同意以該建物擔保借款之書面。但僅憑該同意書並無法辦理抵押權設定登記，當設定人不願配合前往辦理抵押權設定登記時，只能聲請禁止處分該建物之假處分或假扣押（以違反同意書為由使之喪失期限利益）。再者，通常根據建物之承攬契約約定，於支付承攬報酬之前建物所有權應屬於承攬人。此外，當未支付承攬報酬時，承攬人亦得對該基地主張商事留置權[7]。

7　日本法上亦可對不動產主張留置權。

租借地上之建物抵押權設定

　　建物若無基地使用權，則幾乎毫無價值。因此，當考慮對租借地上之建物設定抵押權時，應先確認以下事項：①設定人基地使用權之有無、內容（種類、存續期間）；②設定抵押權當時，基地使用權相關契約有無發生解除事由；另於設定抵押權後亦應確認；③有無租金未付等構成基地權契約解除之事由，必要時並應考慮先行墊付租金等。

　　基地使用權若係借地權（以建物所有為目地之地上權或土地租借權），如擬將標的建物以變賣方式轉讓給第三人時或以拍賣方式轉讓給第三人時，該第三人得承接設定人之借地權〔基地所有人同意者，借地權將移轉至第三人。基地所有權人不同意者，則可向法院提出聲請，只要無不應許可之特殊事由，則得以法院許可取代基地所有權人之同意（借地借家法 19 條、20 條）〕。

　　如上所述，關於解除事由之確認及基地使用權移轉之同意，為作業上之方便，通常實務上抵押權人會要求基地所有人提出確認書：要求變賣或拍賣建物時，應將借地權移轉給買受人；確認目前就借地權並未發生任何解除事由；當建物所有人有未付租金等解除事由時，應及時通知抵押權人，並允許由抵押權人代為墊付等。

(3) 具備對抗要件

登記係抵押權之對抗要件，原則上應於簽訂抵押權設定契約後儘速辦理抵押權設定登記。惟抵押權設定人有時或因登記費用負擔等問題而不願辦理登記，但如僅作「保留登記」之安排，因無法以該抵押權對抗第三人，從債權人授信管理之觀點看，基本上等於無擔保。

a 預告登記

當辦理本登記有困難時，對債權人而言，次佳的選擇應係辦理預告登記。預告登記係一種暫時性登記，又可分為兩種：第一種是物權雖已發生變動，但因手續上尚不完備而無法辦理本登記之情形（俗稱「第 1 款預告登記」[8]）；另一種則是物權尚未發生變動，但預定將來物權將發生變動之情形（俗稱「第 2 款預告登記」）。

進行預告登記後，倘日後本於預告登記而順利完成本登記時，將可享有與預告登記當時一樣之登記順位，而得向第三人主張權利（順位保全效力）。另外，預告登記所需繳納之登記費用亦較本登記低（每一物件 1,000 圓），因此實務上也存在一些本可辦理本登記，卻刻意不提交抵押權權利證或登記識別情報而僅辦理上述第 1 款預告登記之情形。

---

[8] 此處「第 1 款預告登記」、「第 2 款預告登記」之稱呼，係因其分別規定於日本不動產登記法第 105 條第 1 款及第 2 款。

惟必須先辦理本登記後，方能領取拍賣擔保物後之分配金（提存金）。而當想要辦理本登記時，當事人亦不見得願意配合（此種情形，如下 b 所述，原則上除非經過訴訟，否則債權人基本難以單獨完成登記）；或者雖願配合，但抵押權設定人或債務人已無資力，事實上必須由抵押權人自行負擔本登記所需登記費用等情形。

因此，當抵押權人同意僅作預告登記時，最好應同時備妥申請本登記時所需之相關文件，以便得按照債權人之判斷，隨時逕為本登記。

b 保留登記

當抵押權設定人連預告登記都不願辦理時，不得已只能保留登記。即便如此，亦應先行備妥辦理本登記申請所需之相關文件，以備隨時得辦理登記。所需文件主要有：①抵押權設定契約書；②權利證或登記識別情報通知書；③委託書；④印鑑證明書；⑤資格證明書等。其中，關於④之印鑑證明書須為 3 個月內核發者，因此需留意隨時更新。此外，一旦抵押權設定人之商號名稱發生變更者，亦可能需適時更新③之委託書。

一旦不能備齊上述文件，則債權人只能對設定人提起請求辦理擔保權設定登記之訴，而除非取得勝訴判決，一般債權人很難單獨完成登記（訴訟需時甚久，亦可考慮於起訴前向法院聲請假處分）。

即使順利完成登記，若對抗要件乃係債務人信用開始惡化後始具備者，則萬一債務人進入法定債務清理程序時，該對抗要件尚有遭到撤銷之風險。

4 指名債權之擔保設定

指名債權[9]，如價金支付請求權（應收帳款債權、承攬報酬債權、診療報酬債權等）、壽險契約債權（解約退還金債權等）、勞動契約債權（薪資債權、退職金債權）、入住保證金債權（押租金債權等）、存款債權等亦可設定作為擔保。與不動產擔保相比，其於標的債權內容之掌握、回收之確實性、對債務人或設定人造成之影響等方面存在特殊性，須加以留意。

(1) 擔保權概要──債權質、讓與擔保

以債權作為擔保標的者，可選擇對標的債權設定質權（即債權質）或以擔保為目的之債權讓與（即讓與擔保）兩種。

債權質和讓與擔保，實際上具有幾乎相同之效果，二者均可選用。惟當就同一債權與其他債權人同時設定擔保時，「先後順位」或「同順位」等概念，是否適用於讓與擔保容有爭議，一般建議優先採用債權質。

---

[9] 「指名債權」即債權人特定之一般債權，係相對於「指示債權」及「無記名債權」之概念，後二種債權之成立及行使，通常需以證券作為表彰，屬「證券債權」。

(2) 將來債權之擔保設定

就未來即將發生之債權，僅需該標的債權範圍就：①第三債務人；②債權發生原因；③債權發生時期等各點於當事人間係明確者，即可設定債權質或讓與擔保（為方便起見，以下僅就讓與擔保進行解說）。

惟若標的債權係「設定人現在及將來所有之全部債權」等，恐被認為屬於對設定人之營業活動有過度壓迫之擔保，或有其他被認為不當搶先其他債權人取得擔保之情形時，則該擔保設定契約將有可能被認為違反公序良俗而無效。因此於決定標的債權範圍時，仍應審慎考量。

另外，在債權讓與登記制度中，雖未要求對所有第三債務人進行特定，惟就讓與契約存續期間之約定，除非有特殊事由，原則上於特定所有第三債務人之情形，最長為 50 年；於其他情形，最長則僅為 10 年。因此，使用債權讓與登記制度時，若債權發生期間設定較上述期間更長者，則恐有無法具備對抗要件之風險，應予留意。

(3) 對抗要件概要

a 對抗要件之種類

關於債權之對抗要件，可分為二類。一類是對第三人（其他債權質權人、其他受讓人、扣押債權人等）主張之「第三人對抗要件」。另一類則是對第三債務人主張之「債務人對抗要件」。

b 第三債務人之承諾、通知

　　為具備這些對抗要件，通常必須以存證信函等確定日期之證書[10]，得到第三債務人對債權質、讓與之「承諾」，或者由設定人向第三債務人發出關於債權質、讓與之「通知」（倘非為「確定日期」之通知、承諾，雖可對抗債務人，但無法構成第三人對抗要件）。

　　通知或承諾雖均可具備對抗要件，惟因以承諾方式具備對抗要件者有以下優點：①有禁止讓與特約時，可成為第三債務人已同意擔保設定之證據；②第三債務人若未對承諾保留異議者，即不得以存在抗辯事由為由，拒絕清償。是故，對債權人而言，原則上仍應以承諾方式具備對抗要件為宜。

　　另外，銀行作為債權人，於就本行存款之存款債權設定擔保之情形，通常僅與存款人簽訂存款擔保設定契約書，而未採行「確定日期」之通知或承諾。此係因銀行通常僅需以抵銷方式便可優先於第三人而獲得回收，而質權僅於可拒絕存款人之提款請求上（反之，當債務人需使用存款帳戶中之資金時，則須逐次解除質權設定）始有其意義。

---

10 確定日期（日語作「確定日付」）證書，係日本法上為避免當事人間就私文書之製作日期發生爭執，於制度上賦予該日期以證據力的一項規定（日本民法施行法第4條）。最常採取的方式係請公證人對文書作成日期進行公證或以郵局存證信函方式作成文書。又，根據日本民法467條規定，讓與指名債權之通知或承諾，必須以「確定日期之證書」的形式作成，始得對抗債務人以外之第三人。

c 債權讓與登記

以債權供作擔保，經常會被解讀為設定人信用惡化的訊號，而設定人為免讓第三債務人知悉債權讓與之事實，有時會拒絕以承諾、通知方式具備對抗要件。

此時，亦得以債權讓與登記方式具備對抗要件。一旦辦理債權讓與登記，即便無通知、承諾，亦能具備第三人對抗要件（但僅限於設定人為法人時，始得為之）。其後，當債務人實際瀕臨危機，有必要對擔保債權實施回收時，再以向第三債務人交付登記事項證明書，並為債權讓與通知（亦得由受讓人為此項通知）之方式具備債務人對抗要件，進而對標的債權實施回收。

d 保留對抗要件

但因顧慮第三債務人亦可能透過登記資料，獲悉債權有被設定擔保之情形（可定期對交易對象之債權讓與登記情況進行確認），有些設定人亦因而不願意配合辦理債權讓與登記。

遇此情況，作為次佳選擇，債權人可考慮採取：①請設定人提供日期欄空白之債權讓與（質權設定）通知書及信封或；②請設定人提供債權讓與通知（質權設定通知）委託書。當將來債權人認為有進行債權保全必要時，得：①由債權人補填上述通知書之日期後發出；或②以設定人代理人身分，發出債權讓與通知。

惟即便採取此種方法，亦可能發生無法對抗於發出通知前，出現之第三人或因發出通知時期過遲而對抗要件於債務清理程序中遭撤銷之情形，應予留意。

(4) 設定擔保權時之注意事項

a 禁止讓與特約

原則上，債權皆可用於設定債權質或讓與擔保。但當當事人（設定人與第三債務人）間存在禁止讓與標的債權特約時，若非取得第三債務人之承諾，債權質之設定或讓與擔保將無效。

惟當第三人（債權人）非因重大過失，而不知此種禁止讓與特約之存在者，第三債務人對於該第三人，不得主張該特約之效力。不過，如存款這類債權，因一般人廣泛認知其應當有禁止讓與特約，故通常均被認為有重大過失；此外，當讓受人得輕易地確認有無禁止讓與特約卻怠於確認時，亦將被認為有重大過失。因此，債權人應詳查標的債權相關契約書，以確認有無讓與禁止特約。若有，則應適時取得第三債務人之承諾。

b 第三債務人之抗辯事由

就標的債權，第三債務人對設定人可能存在拒絕付款之抗辯。典型者如已為清償之抗辯。因此，於採用債權讓與擔保之際，於取得擔保時即應詳查標的債權之實在性。實務上，以債權作為擔保，因事先未經詳查，待債務人財務狀況發生困難擬收取債權時，始發現債權根本不存在之情況亦所在多有。此外，第三債務人亦可能對設定人存在相對債權，並以該債權與標的債權互為抵銷之情形。標的債權並不因其設定質權或讓與擔保而使第三債務人喪失抗辯權利，故第三債務人若確實存在抗辯事由，即得

對債權人（質權人、讓與擔保權人）主張而拒絕清償。

但當第三債務人對債權人之擔保設定，未就抗辯事由之存在提出異議而逕為承諾者，即使確有抗辯事由，該第三債務人亦將失去其向債權人主張之權利。因此，債權人於取得第三債務人承諾時，最好是無異議之承諾。第三債務人為承諾時，若未特別對該承諾保留異議者，即視為無異議之承諾。

c 收取債權前之準備

即便債權人就債權質或債權讓與擔保，已具備債務人對抗要件，然一般第三債務人基於避免雙重危險之觀點，於面對債權人（質權人、讓與擔保權人）前來收取債權時，通常亦多傾向於慎重。因此，從設定擔保當時起，為日後能順利獲得第三債務人付款，即應事先做好相關準備。

例如，①就標的債權相關契約書或訂購單等資料，應保留影本；②應確實掌握第三債務人承辦部門及聯絡人資料；③應確認有無其他實務上於收取債權所必要之事項。

5 動產之擔保設定

　　工廠機械設備或庫存商品等動產，亦得成為擔保設定對象。與不動產擔保相比，動產擔保因擔保物價值難以評估、授信期間需為一定之管理及處分、換價不易等理由，一般而言其回收之確實性及管理之方便性較為遜色。不過，倘若係債權人熟悉之商品且知道如何管理、處分，亦可能取得有效之擔保物。近年，以庫存商品作為擔保，附條件對所需之運轉資金進行融資的ABL（Asset Based Lending）亦頗見流行。

(1) 擔保權概要

a 擔保權之種類——動產質、動產讓與擔保

　　取得動產擔保的方法，主要有：對標的動產設定質權（動產質）及以擔保為目的而受讓標的動產（讓與擔保）二種。

　　關於動產質，原則上設定人應將標的物現實交付給質權人，由質權人占有該動產。此處所謂之交付，並不包含後述之占有改定，設定人無法保留對標的物之實際占有。然而，要使工廠機械設備或庫存商品脫離設定人之占有，實際上並不可行，由質權人（金融機構等）占有動產，亦將發生管理成本。因此，就上述動產設定動產質並不切實際。

動產讓與擔保則得以免除上述之現實交付，而僅憑當事人間合意即可成立。但為具備對抗要件，若不採後述之動產讓與登記，則應有標的物之「交付」，惟此處之「交付」亦包含占有改定之方式。因此，動產之擔保，一般多採用動產讓與擔保。

b 動產讓與登記

作為動產讓與擔保之對抗要件，亦可選擇動產讓與登記之方式（但僅限於設定人為法人時）以代替「交付」。當存在數個動產讓與擔保時，其優劣順序應以先為交付或登記者為優先。「交付」（尤其是占有改定）之情形，與登記不同，完成交付之時間點通常並不明確，為了保留證據證明確實之交付日期，通常需對讓與擔保設定契約書之日期進行公證。

動產讓與之登記與「交付」（占有改定）二者，在法律效果上幾無差異。一般而言，動產讓與登記所需之費用和時間較多，占有改定方式則相對簡便而快速。惟採用占有改定者，畢竟難以讓他人知悉動產擔保之存在，而動產讓與登記係將讓與擔保之存在予以公示，具有防止設定雙重讓與擔保之優點。占有改定，雖亦可於標的物上張貼適當標誌以作為公示手段，惟設定人未必同意，且此種公示方法亦不穩固。

c 集合動產之讓與擔保

倘若標的動產如為庫存商品，雖可集合多數庫存商品一起作為擔保，惟個別商品乃處於一種經常性進出之狀態。倘於庫存品

每次出貨時即需解除其動產讓與擔保契約，並就新入庫商品重新簽訂動產讓與擔保契約，則未免太過繁雜。是故，對於此種組成商品經常處於流動狀態之動產，若可特定其種類、所在場所及數量範圍者，通常亦得將其作為一集合物，而統一設定讓與擔保。

(2) 擔保設定及管理上之留意點

a 確認所有權人等

設定人本身若非標的動產所有權人，則其所設定之動產讓與擔保無效。當標的動產係經保留所有權之機械設備或為租賃物之情形，或係寄賣之商品而所有權屬於供貨商之情形，即無法成立動產擔保。

關於動產交易，民法上雖有善意取得制度（民法 192 條），亦即當 A 就標的動產並無處分權，但 B 無過失誤信 A 具有處分權而接受該動產之讓與（設定讓與擔保）或質權設定，當 B 接受交付而占有該標的動產時，即得善意取得其所有權（讓與擔保權）或質權。惟此處之「交付」與動產質之交付同，應不包含占有改定之情形，因此動產擔保權一般無法善意取得。

此外，即便標的物係設定人所有，但亦可能先為第三人設定有動產讓與擔保。若在先之動產讓與擔保係以登記方式具備對抗要件者，則經由查詢登記資料應可確認其存在。但若係以占有改定方式具備對抗要件者，除非有安排特別之辨識方法，否則恐難以客觀方法加以確認。

為確實了解所有權或在先擔保權之情況，最後大概只能向設定人本人進行確認。

b 標的物之特定

在簽訂動產讓與擔保契約前，應先將標的動產予以明確化。就個別動產簽訂讓與擔保契約者，應特定該動產之品名、型號、設置場所等項目。

在就流動性動產簽訂讓與擔保契約之情形，則應特定該動產之種類、數量範圍、所在場所等項目。尤其當設定人將同種商品保管於數個場所時，應將所有保管場所予以列舉（以防止設定人屆時將標的動產移放至未寫明之保管場所）。

c 評估換價容易性

即使設定了動產擔保，但如實際上難以進行換價處分，亦無實益。動產擔保權利之實行，主要係由讓與擔保權人為之，故於設定擔保時即應先行評估：①屆時能否找到處分對象（是否可能賣回給原銷售廠商？是否可能賣給同業？有無公開拍賣市場？）；②屆時之出售價格如何等。此外，在進入讓與擔保實行階段時，設定人實際上恐已無法管理標的動產。因此，倘標的動產係為動植物般需悉心管理，否則將影響換價價值者，則亦應對緊急時期之管理方法預作考慮。

另外，實行動產擔保時，設定人無力支付動產保管倉儲費用之情形，亦頗為常見。此時，因倉儲業者可對倉庫中之動產行使

商事留置權，一旦擔保權人不代爲支付相關費用，則可能將無法處分標的動產。

d 掌握流動性動產之進出

流動性動產之讓與擔保，通常會保留給設定人有在「通常營業範圍內」處分讓與擔保組成動產之權限，權限內處分之相對人，得不受讓與擔保之拘束而確定取得該動產之所有權。因此，對於擔保商品如何於「通常營業」下被銷售、新商品又如何流入等，應明確掌握。此外，在以占有改定方式具備對抗要件時，如係個別動產之讓與擔保，則於設定人處分標的動產後，相對人通常可成立善意取得，讓與擔保權人可能因此而無法回收，應予留意。

TOPICS

動產買賣先取特權

對於銷售貨物之業者，如何確保買賣價金之回收係其關心重點。出賣人爲保全其價金債權，可採取諸如保留所有權、租賃或委託銷售等手段，以確保其債權之回收。此外，即便當事人無特別約定，民法亦賦予動產出賣人對買賣標的物享有法定擔保權，謂之「動產買賣先取特權」（同法321條）。惟此動產買賣先取特權於當債務人（買

受人）將標的動產交付給第三人後，即無法行使（同法
333 條）。

　　若將此出賣人之先取特權與買受人之債權人（出賣人
以外之人）所設定之動產讓與擔保之優劣地位做一分析，
大致如下：首先，於保留所有權、租賃或委託銷售之情形
下，買受人之債權人原則上不得對標的物設立有效的動產
讓與擔保（除非有成立善意取得等例外情形）。另外，就
動產買賣先取特權，根據判例見解（最判昭和 62 年 11 月
10 日民集 41 卷 8 號 1559 頁），由於動產讓與擔保之暫有
改定，亦該當於民法 333 條所稱之「交付」，依此，則買
受人之債權人所設定之動產讓與擔保權，應優先於出賣人
之先取特權。

保證之徵求

(1) 保證之意義

　　成立保證，則債權人亦可從保證人之責任財產中獲得回收，強化了債務人之償債財源。因係以保證人之信用作為擔保，故亦稱為「人的擔保」。

　　保證契約係成立於保證人與債權人間之契約，惟無法以單純口頭合意成立之，非經訂立書面契約不能成立。

(2) 保證人之選定

　　是否需要保證人及保證人之選擇，主要視主債務人自身清償之確實性、保證人償債能力高低及保證人與主債務人間之關係等因素而定。

　　例如，當銀行對中小企業進行融資之際，若銀行係以該企業是否擁有信譽良好之母公司，作為授信判斷之重要前提時，通常均會要求母公司提供保證。另外，某些情況或許不要求保證而僅要求提出「經營指導承諾書」即足夠。至於應作何種程度之要求，乃繫於銀行授信之判斷。

　　再者，當銀行對中小企業進行融資時，通常亦會要求負責人

等人提供保證。當然，亦寄望能從負責人等人之個人資產（自宅不動產等）獲得擔保。惟最主要仍意在對負責人等人之心理產生牽制效果，使其不至鬆懈公司之經營，並預防負責人等人將公司資產不當移轉給自己。

(3) 與主債務之關係

保證人所承擔之保證債務，與主債務人所承擔之主債務，係不同債務。惟保證債務畢竟係為實現主債務之目的而存在，故保證債務與主債務間仍具有特殊關係。

首先，保證債務不得超過主債務，當保證債務被約定比主債務重時，應自動縮減至主債務之範圍。其次，在從屬性上基本雖與擔保物權同，但當主債務責任被加重時，若該不利之變更未經保證人同意者，則不及於保證人（相反，如係延長主債務清償期等對主債務人有利之變更，則及於保證人）。

(4) 保證之種類

a 單純保證、連帶保證

所謂單純保證，係指保證人有：①當債權人請求履行債務時，得請求先向主債務人催告之權利（催告抗辯權）；②於債權人向主債務人催告後，若主債務人具有償債能力且可供執行，得請求先就主債務人財產強制執行之權利（追索抗辯權）。此外，當保證人有數人時，各保證人得主張僅就依比例所計算之金額範

圍內，對債權人承擔保證責任（分別之利益）。

而所謂連帶保證，則是指連帶保證人不具有前述之催告抗辯權、追索抗辯權及分別利益之保證。亦即，無論是否存在其他保證人，債權人皆可對主債務人或連帶保證人任一方，立即就已屆履行期之債權爲全額之請求，並得對任一方之財產，逕爲強制執行。實務上，多係連帶保證，單純保證極爲罕見。

b 特定債務保證、最高限額保證

所謂特定債務保證，係以特定債務作爲主債務之保證。以屬於一定範圍之不特定債務作爲主債務之保證，則稱爲最高限額保證。

最高限額保證，又可分成：就一定之繼續性交易關係（債權人爲銀行時，銀行交易約定書 1 條所規定之交易）所生之所有債權，無最高限額及期間限制之「概括最高限額保證」；以及對交易種類、最高限額、保證期限等有所限制之「限定最高限額保證」。

c 貸款等最高限額保證契約

最高限額保證（尤其是概括最高限額保證）對債權人極爲便利，惟對保證人難免有負擔過大之嫌。

因此，對主債務爲貸款債務（因受金錢借貸或票據貼現而負擔之債務）且保證人爲個人之最高限額保證契約（貸款等最高限額保證契約），日本於 2004 年修訂民法時引進了相關限制。

貸款等最高限額保證契約，禁止爲概括最高限額保證，且：
①主債務最高限額之約定應內含原債權、利息、遲延利息等一切
金額，否則無效（不得僅約定原債權之最高限額）；②關於原債
權確定期日，以契約約定者，應約定爲簽約日起 5 年內（約定更
長者無效，視爲未約定期日）；契約未約定者，則應爲簽約日起
3 年後之日。

　　當保證人爲法人時，不需受此限制；理論上亦可成立未定
期限之最高限額保證契約。惟自簽訂保證契約起，經過相當期間
或主債務人與保證人間關係發生變化者，依誠實信用原則，保證
人可能有終止最高限額保證契約之權利（不保證終止後發生之債
權）。

7 擔保設定契約及保證契約之簽訂（意思確認）

擔保或保證，因擔保設定契約或保證契約之簽訂而成立。不過，仍經常發生於實行擔保或請求履行保證之際，始遭到設定人、保證人主張其本人並未簽署過任何契約書，因而就契約之成立或有效性發生爭議。

為避免上述糾紛，於簽訂擔保設定契約、保證契約時，最好要求設定人、保證人提供印鑑證明，並親自簽名用印。除必須齊備形式上所需之文件或約定書外，亦應針對個案之特殊性，審慎對當事人意思之真實性進行確認。以下，針對此點闡述整理如下。

(1) 設定人或保證人為個人者

a 簽約對象為本人時

簽訂擔保設定契約或保證契約時，請務必於設定人或保證人本人面前，要求由其本人親自填寫契約重要部分，以證明本人確係在充分了解契約內容後，再行簽署。

b 有第三人介入時

當無法於設定人或保證人本人面前親簽，而係由債務人等第

三人攜帶契約書至債權人處，由第三人以代理人名義在契約書上簽署時，對於該第三人是否確實獲得設定人或保證人本人授權，必須予以確認。此外，即使實際上並無權代理，惟通常亦可能有某種基本代理權之情形，倘若銀行係基於「正當理由」而相信其為有代理權者，則該契約之效力仍應及於設定人或保證人本人（民法 110 條，逾越權限之表現代理）。

(2) 設定人或保證人為法人者

a 確認意思決定程序

當設定人或保證人為法人時，則除應確認代表人之意思及代理人（員工等）之代理權範圍外，尚應確認簽約之意思決定，是否係遵循正當程序所為。

以設有董事會之股份有限公司為例作說明。首先，被擔保債務或被保證債務之債務人為負責人董事本人，或為負責人董事同時亦擔任負責人之其他法人之情形，則除負責人為該股份有限公司 100% 股東之情形外，由於負責人董事對擔保設定契約或保證契約之簽訂存在利益衝突（公司法 356 條），故負責人董事之簽約必須獲得董事會承認。其次，因「重要財產之處分」及「大額借款」屬於董事會決議事項（同法 362 條 4 項），當擔保標的物該當於「重要財產」或保證屬於「大額」之情形，則該擔保設定或保證需經董事會決議，始得為之。

以上情形，若未經董事會承認，而債權人已知或可得而知

（有過失之情形）該情事者，則該擔保或保證可能歸於無效。作為債權人，若經擔保設定人公司或保證人公司之負責人董事告知確已踐履相關公司內部程序，且無可疑之情事，原則上應認為無過失。此外，實務上，除非有該當於利益衝突交易情形，一般通常很少要求提供董事會議紀錄。

b 法人目的之確認等──設定人或保證人為非營利法人者

法人之行為能力，通常須受章程所定之目的範圍所限制。對於公司等營利法人，事實上並不存在關於目的範圍之限制，惟如係非營利法人，一般傾向對其目的範圍作嚴格解釋，且在各種特別法上亦有一些特別之程序性要求。

例如，當宗教法人為了非宗教法人之第三人的債務，提供境內土地設定擔保時，視該第三人與宗教法人間關係及被擔保債務內容等，應對該擔保提供之目的是否符合法定目的範圍（宗教法人法10條）進行確認。此外，尚須確認其是否已踐履責任理監事會的決議（同法19條）及公告（同法23條）等宗教法人法所規定之程序。

8 撤銷權

(1) 意義

　　如上所述，取得擔保和保證對於債權保全至關重要，但債務人並非隨時願意配合提供擔保。不過，真有必要時仍應果敢提出請求，一猶豫即可能遭其他債權人捷足先登。另外，即便先於其他債權人取得擔保，但若係債務人陷入財務危機後始取得者，則該擔保仍可能於嗣後遭到撤銷。

　　處於危機時期之債務人，若不當廉價處分財產或僅對部分債權人提供擔保或清償，將有害於債權人獲得公平清償之權利。因此，債務清理程序（破產、民事再生、公司更生）之管理人或監督人，為取回流失財產或確保再生債權人間之公平受償，對程序開始前財產減少行為或者清償、擔保提供行為，有撤銷其效力以恢復債務人責任財產之權利（撤銷權[11]）。關於撤銷權，又可分為：對減少債務人責任財產而有害於全體債權人權利之行為的撤

---

[11] 於破產程序（及其他債務清理程序）中，破產管理人對程序開始前，破產人有危害破產債權人利益之財產處分行為予以撤銷，使逸失之財產恢復成為破產財團之權利，日文作「否認權」，臺灣法上通稱為「撤銷權」。

銷，稱「詐害行為撤銷」；以及對部分債權人提供擔保或清償等違反債權人平等原則之行為的撤銷，稱「偏頗行為撤銷」。

作為債權人，為避免遭到撤銷之風險，原則上應盡早取得擔保。儘管潛藏著可能被行使撤銷權之風險，債權人亦不需因此而有所畏縮，必要時仍應積極果斷地要求提供擔保。應於充分理解有遭到撤銷風險之前提上，妥善地進行債權管理。以下將就債權人於獲得清償或提供擔保、保證時，可能遭到行使撤銷權之情形稍加解說。

債權人撤銷權（詐害行為撤銷權）

在進入債務清理程序前，亦有一與上述之撤銷權類似旨在恢復債務人責任財產之制度，稱為「債權人撤銷權」（民法424條）[12]。例如，當債務人於陷入資不抵債狀態後，為免於遭到債權人聲請強制執行，而將自宅贈與自己親屬之情形，債權人得起訴該親屬請求撤銷該贈與契約，將不動產恢復登記於債務人後，聲請對該不動產為強制執行。

債權人撤銷權與債務清理程序中之撤銷權的差異如

---

[12] 關於臺灣民法上債權人之詐害行為「撤銷權」，日文則作「取消權」。

下：首先，債權人撤銷權乃係於債務清理程序開始前，由個別債權人所行使之權利，且限於起訴方式為之。其次，在要件上亦不相同，例如針對清償行為行使債權人撤銷權時，僅以債務人與債權人間具有通謀加害之意思為限。不過，因債務清理程序上之撤銷權適用範圍較廣，本章乃對其加以介紹。

(2) 偏頗行為之撤銷

a 要件

案　例

> 債務人 A 公司近一年業績急速惡化，債權人於是於 4 月 1 日接受 A 公司對不動產設定最高限額抵押權並經登記（事先並無擔保提供特約）。至 4 月 20 日，A 公司社長突然收到訊息稱「公司大客戶已瀕臨破產，目前財務狀況陷於極度困難」。隨後，A 公司自 5 月底起開始拖欠各種債務，並於 7 月份正式聲請破產。

關於偏頗行為撤銷之要件，分為：有關債務人財產狀況之客觀要件，及有關受益債權人認識上之主觀要件。具體內容如圖表 3-5 所示。

圖表 3-5

支付不能前 30 日　　支付不能（停止支付推定為支付不能）　　聲請開始債務清理程序　　→ 時間

		債權人知悉開始債務清理程序之聲請（由破產管理人負舉證責任）
有義務之行為（期限屆至、期限利益喪失後之清償等）		債權人知悉支付不能或停止支付（由破產管理人負舉證責任）
無義務之行為（期限前之清償或經任意協商後，為既存債務提供擔保等）		債權人知悉有害於其他債權人之事實（由債權人就其「不知」負舉證責任）

（灰色網底部分為得撤銷範圍）

　　清償行為或擔保提供行為，視其屬有義務之行為或無義務之行為而異其要件，有義務之清償行為，通常係指對已屆清償期之債權進行清償。另一方面，關於擔保提供行為，於債權人有簽訂擔保提供特約之情形固屬有義務之行為，惟通常情況多半並未簽訂此種特約，故應屬於無義務之行為。

　　此外，僅簽訂未特定標的物之抽象性追加擔保條款者，不足以意味就特定財產即有提供擔保之義務，故非屬有義務之擔保提供行為。上述案例之擔保提供行為，由於事先並無擔保提供特

約，故屬無義務之行為。因此，設定擔保時間如落於支付不能前30日以內者，則除非債權人並未認識到有害於其他債權人之事實，否則應屬得撤銷之對象。

此處之「支付不能」，係指債務人無法支付已屆清償期債務之全部或大部分，且不易消除該狀態之情形（非僅暫時性之資金不足）。不過，支付不能畢竟係債務人之內部狀態，究竟自何時起陷於支付不能？又債權人究竟何時知悉？有時並不明確，破產管理人與債權人之間亦經常發生意見分歧。

上述案例，A公司最終進入債務清理程序，因於4月20日時點既已預見將來無法清償屆期債務，破產管理人可能會主張自該日起A公司即已陷於支付不能，而於前30日內所設定之最高限額抵押權應屬可得撤銷之對象。惟破產法起草人認為，支付不能應解為目前之時點不能清償大部分之屆期債務，倘依此見解，則4月20日之時點尚未構成支付不能。

b 救濟性融資特則

案　例

> 債務人B公司，因資金週轉緊迫，假若能於6月中獲得1億圓融資，預計資金週轉將可恢復正常。於是，債權人於6月10日對B公司放款1億圓，同時接受B公司為該貸款債權設定抵押權。不料，最後B公司於6月底仍告資金週轉失靈，並於9月聲請破產。

上述案例，假設將 B 公司視爲在 6 月底陷於支付不能，雖仍應視債權人之主觀認識而定，基本上於該時點前 30 日內所設定之抵押權，似乎爲可得撤銷之對象。

惟如同上述案例，倘若連爲新融資所設定之擔保都將遭到撤銷，則很可能本有再生希望之債務人，將難以獲取新資金挹注。因此，可撤銷之擔保應僅限於爲「既存債務」所設定者，爲新融資所設定之擔保，應不得撤銷。而此處所稱之新融資，應不包含單純爲既存債務調整期清償期之情形。此外，對新融資之資金用途並無限制，亦可用於清償既存債務（但該清償本身亦有遭到撤銷之風險）。是故，上述案例所設定之抵押權應不得撤銷。

此外，倘若新融資時所設定之擔保，並非僅限於該次融資債權之特定擔保，而係最高限額擔保之情形，則因「既存債務」亦連同受到擔保，該整個最高限額擔保將可能被當作撤銷之對象。就此，就規避撤銷風險觀點言之，設定特定擔保將更爲保險。

c 對抗要件之撤銷

案　例

　　債權人接受債務人 C 公司就其對主要客戶 S 公司之應收帳款設定債權讓與擔保，惟當時並未具備對抗要件。不料，一年後 C 公司業績急遽惡化，以至遭票據交換所作出拒絕往來處分，債權人於是請求 C 公司以通知方式具備了對抗要件。

擔保設定行為本身（原因行為），可能因其係於危機時期前所為而不構成偏頗行為撤銷對象，惟其對抗要件之具備如係：①於停止支付或聲請開始債務清理程序（停止支付等）後，且於原因行為起經過 15 日後（客觀要件）；②債權人知悉停止支付之事實所為者（主觀要件），則該對抗要件之具備行為亦可能被撤銷。若是，則將不得向破產管理人主張該擔保權，即不得於債務清理程序中成立別除權、更生擔保權。

上述案例中之對抗要件具備行為（債權讓與通知），因符合接受債權讓與擔保設定起經過 15 日以上，且 C 公司受到拒絕往來處分亦構成停止支付，加以係於銀行亦知悉該事實之情況下所為者，故該對抗要件應屬得撤銷之對象。

就債權讓與對第三人對抗要件之具備方法，除上述案例中之債權讓與通知外，亦得以第三債務人承諾為之。惟判例（最判昭和 40 年 3 月 9 日民集 19 卷 2 號 352 頁）見解認為，成為撤銷對象者應係債務人之行為，而第三人所為之承諾並非債務人（讓與人）之行為，因而不成為撤銷之對象。若依此見解，則假設本件乃係 C 公司受拒絕往來處分後，以取得 S 公司承諾方式而具備對抗要件者，則該對抗要件將不可被撤銷。不過，對上述判例亦存在反對意見，目前並非通說見解。

作為債權人，若未能於擔保設定當時立刻具備對抗要件（除上述債權擔保案例外，尚包含不動產保留登記等情形），則至少仍應於向未陷入停止支付前之階段，具備對抗要件為宜。

d 無償行為之撤銷（為他人提供保證或擔保）

案　　例

　　債務人 D 公司之經營情況急遽惡化。債權人於 6 月 1 日接受 D 公司社長（亦係 D 公司之所有人）T 氏，就 D 公司對債權人之債務提供連帶保證，並對 T 氏自宅不動產設定抵押權。D 公司之情況持續未見好轉，於是 D 公司和 T 氏於 11 月 1 日聲請破產。

　　於債務人所為各種財產減少行為當中，無償行為因其對債權人之危害程度顯著且受益人亦無償受有利益，屬保護必要性較低者。因此，對於無償詐害行為（財產減少行為），凡於停止支付或聲請開始債務清理程序後或於之前 6 個月內所為者，均屬於撤銷對象，此又稱「無償行為之撤銷」。

　　上述案例中，T 氏之保證、擔保提供行為，應屬於減少 T 氏財產之行為。T 氏乃 D 公司之所有人，透過對 D 公司提供保證、擔保，間接受有經濟上之利益。而按現行判例見解，因 T 氏並未收取任何對價（保證費或擔保費），故被認為係「無償」詐害行為（財產減少行為）（反之，若 D 公司或銀行向 T 氏支付一定之保證費或擔保費，即非屬「無償」）。

　　因此，上述案例中之擔保、保證提供行為，由於係 T 氏於聲請破產前 6 個月內所為，故屬 T 氏之破產管理人可得撤銷之無償行為。

期限利益之喪失

1

意　義

(1) 期限利益

　　前一章（第 3 章）乃係就債務人信用已經開始惡化但仍繼續對其進行授信之情形，討論如何取得擔保以強化債權之保全。本章起，將進一步探討當債務人信用持續惡化，以至必須展開債權回收工作時之各種對策。諸如：請求借款人或保證人清償、抵銷或實行擔保權等等。

　　原則上，債務履行期限屆至前，債務人並無清償之義務，債權人基本上亦無法採取任何對策。此種債務人得於期限前，拒絕清償之利益，又稱為債務人之「期限利益」。

(2) 期限利益之喪失

　　不過，當某些情況下，顯然已無法期待債務人可如期履行時，堅持要求債權人必須遵守期限，亦不合理。因此，民法便規定於：①債務人破產程序開始裁定時；②債務人就擔保物有價值減少行為時；③債務人違反擔保提供義務時等任一情形時，僅需債權人向債務人作出意思表示，債務人即不得主張其期限利益（民法 137 條）。惟實務上並不止於此，通常契約書中尚會進一

步約定各種債務人喪失期限利益之情形（期限利益喪失條款）[1]。

　　一旦喪失期限利益，則債務人便必須立刻清償全部債務，而債權人則可採取諸如抵銷或實行擔保權等強制性回收手段。此外，自喪失期限利益之翌日起，便開始發生遲延利息。再者，喪失期限利益之翌日起，該債權之消滅時效亦開始進行（同法166條1項）。

　　另外，對於履行期限既已屆至之債權，因債務人本已不享有期限利益，即無再剝奪其期限利益之必要。

---

[1]　臺灣金融契約實務上，多稱之爲「加速條款」。

2 期限利益喪失之內容及判斷

(1) 期限利益喪失條款之種類及內容

關於期限利益喪失條款，可分為「當然喪失」和「請求喪失」二類。

當然喪失，係指當發生一定事由（當然喪失事由）時，不待債權人（如銀行）為任何意思表示即當然喪失期限利益之情形。需特別注意，一旦發生該一定事由時，不論債權人對其有無認識，一律發生喪失期限利益之效果，消滅時效亦同時開始進行。

而請求喪失，則係指除應發生一定事由（請求喪失事由）外，尚需由債權人向債務人作出喪失期限利益之意思表示（請求）後，始發生喪失期限利益之效果。

最廣為一般人所知悉之期限利益喪失條款，應屬「銀行往來約定書」中之條款。一般銀行與客戶之往來約定書中均會有如下條款。其中，5 條 1 項所列各款即為當然喪失事由，5 條 2 項各款則為請求喪失事由。（圖表 4-1）

圖表 4-1　銀行往來約定書例

第 5 條（期限利益之喪失）
① 本人於發生下列任一款事由時，不待銀行為任何通知或催告，即應當然
　喪失對貴行之一切債務之期限利益，立即清償債務。
　　1 停止支付或有聲請破產、民事再生、公司更生或特別清算之情形時。
　　2 受票據交換所為拒絕往來處分時。
　　3 本人或保證人之存款或其他對貴行之債權，遭發出假扣押、保全扣押
　　　或扣押命令或通知時。
　　4 因怠於陳報住址之變更等可歸責於本人事由，致貴行不知本人下落時。
② 當發生下列任一款情形時，經貴行請求後，本人應喪失對貴行一切債務
　之期限利益，立即清償債務。
　　1 本人有遲延履行任何債務時。
　　2 擔保物遭扣押或拍賣時。
　　3 違反本人與貴行間之往來約定時。
　　4 保證人有該當於前項或本項之任一款時。
　　5 其他有保全債權必要之相當事由時。

　　銀行往來約定書之內容因銀行而異，容或有某些銀行之條
款與此處所介紹不盡相同。此外，銀行授信交易中亦有不適用一
般往來約定書，而於個別交易約定中對期限利益喪失事由另作規
定，其內容或與一般往來約定書有異。例如，銀行往來約定書通
常係假定適用於法人交易，而法人客戶與銀行間一般均有日常性
之聯繫。但如為個人授信交易，通常於發生遲延事件前銀行與客
戶間並無特別之接觸，故為避免在銀行尚不及認知前即任由當然
喪失事由發生，而對債權管理造成無謂困擾，有時僅會將當然喪
失事由限定於客戶之遲延事件。換言之，對期限利益喪失事由進
行約定時，應根據債權管理之實際情況適當區別當然喪失事由與
請求喪失事由，若不加區別而一概約定為當然喪失事由，有時反
而難以操作。

爲方便起見，以下說明暫以上述銀行往來約定書中之期限利益喪失事由爲例。實際案件處理，尚請參照各契約書中對期限利益喪失事由之具體約定。

(2) 期限利益喪失之實質要件

　　期限利益喪失事由，亦可謂係無法期待債務人可如期清償之事由。在請求喪失事由之相關約定中，通常均有一條概括條款謂「有保全債權必要之相當事由」（銀行往來約定書例 5 條 2 項 5 款），所指其實便是無法期待債務人可如期清償之情形。

　　就個別之請求喪失事由，有時即便於形式上已發生該事由之事實，惟實質上若其尚未眞正破壞對清償之期待，亦無須強行令其喪失期限利益。例如，當發生債務一部遲延時，雖形式上已該當請求喪失事由（銀行往來約定書例 5 條 2 項 1 款），惟若該遲延僅係會計作業疏失所致，並未破壞對清償之期待，即無必要令其喪失期限利益。

　　同樣，即便於當然喪失事由之情形，若存在特殊情事可認爲並未實質破壞對清償之期待時，亦可考慮再重新賦予期限利益（清償期之合意）。例如，對債務人存款債權等之假扣押事件，雖已當於當然喪失事由（銀行往來約定書例 5 條 1 項 3 款），惟若經查明該假扣押僅係因債權人與相對人之偶發糾紛所致，相對人清償能力本身並無問題，則可考慮再賦予其期限利益。

(3) 期限利益喪失之判斷

其實，期限利益喪失之判斷與應否進行授信之判斷本係一體兩面，亦屬授信判斷的一種。在此意義下，最熟悉授信對象情況之第一線單位（銀行營業分行）應將其視為一種授信判斷，而承擔起主要責任。

不過，有不少情況需要在極為有限之資訊中作快速判斷，且期限利益之喪失，通常對債權人及債務人雙方均有重大影響，並不如想像中容易。當難以作出明確決斷時，應與上級或總行相關單位研商，以期作出適切判斷。

當發生期限利益之請求喪失事由時，在判斷應否令其喪失時，應考慮以下幾點：①對於償債能力已瀕於困難之債務人，期限利益之喪失有可能將導致其資金週轉失靈；②當債務人與其他債權人交易中存在所謂「交叉違約條款」（Cross default clause）時，可能將連帶導致對其他債權人之債務亦喪失期限利益；③當債務人意識到債權人即將採取強制性債權回收手段時，可能會聲請破產或開始隱匿資產。因此，於判斷期限利益喪失之際，應同時設想到：①使其喪失期限利益後，應進一步採取假扣押等保全處分或其他有效回收手段；②對於存款或其他可供抵銷之債權，在期限利益喪失後，應採取具體措施以防止流失。實務上，通常合理作法是，一邊告知債務人發生期限利益喪失事由之事實，一邊要求其進行任意清償或配合強化保全。換言之，債權人應充分了解到，若無後續有效手段作為憑藉，則期限利益之喪失未必能

提高債權回收可能性。因此，即便發生期限利益喪失事由，亦未必應爲請求喪失。當依照上述事項綜合判斷後，認爲不爲請求喪失反較爲妥當者，亦不必然將因此而有違反善良管理人之注意義務。

此外，由信用保證協會等提供機構保證之情形，當發生期限利益喪失事由時，通常均有向保證機構報告之義務，若怠於及時報告，則可能發生保證免責而無法請求履行保證義務之情形，應特別注意。

以下將接著對銀行往來約定書例各款期限利益喪失事由中，尤其需要審愼判斷之「停止支付」及「有保全債權必要之相當事由」二款稍加解說。

(4) 停止支付（銀行往來約定書例 5 條 1 項 1 款）

a 停止支付之意義

所謂停止支付，係指債務人以言詞或行動，明示或默示表明（非屬債權人之單純臆測）債務人對於金錢債務之全部或大部分已陷於支付不能，且不易消除該狀態之情形（非屬暫時性之資金不足）。例如，債務人總部或營業處所已大門深鎖並張貼像是「經營不善，停止營業」等告示之情形，即該當於停止支付之狀態。

當發生停止支付時，除構成期限利益喪失事由之外，尚具有其他法律上重要意義。例如，若存款係於銀行已認知到債務人陷

於停止支付或已聲請債務清理程序之後再存入者，其後，若債務人被裁定開始債務清理程序時，不得對該存款主張抵銷。對此種存款，即便於債務清理開始裁定前行使抵銷者，開始裁定後亦應溯及失效。

b 停止支付之判斷

如前所述，停止支付不僅是期限利益當然喪失事由之一，在進入債務清理程序後之抵銷問題上，亦具重要意義。因此，在認知到該當於停止支付之事態時，對於其發生之具體時間（最好能精確到小時及分鐘）應留下證據。

此外，對於認定停止支付之證據，也必須明確至使第三人信服之程度。當然，實務上亦存在一些財務困難，但無法明確斷定其是否構成停止支付之情況。此時，爲防備日後有被認定爲不構成停止支付之風險，或可考慮以「有保全債權必要之相當事由」爲由而爲請求喪失。

案　例

購屋貸款之貸款人 A 係一薪資所得者，銀行於某日收到 B 律師如下內容之通知函「本律師受當事人 A 委託。A 擬於近日展開債務清理程序。自即日起請停止對 A 進行一切催款及聯絡，並請提供自簽約時起至目前爲止之所有交易紀錄。」

實務上，銀行經常收到由律師或司法書士（日本一種專門資格名稱）所具名，受客戶委託清理債務之受任通知函。此種通知函一般記載如下內容：①告知目前正進行債務清理之準備；②請求揭露客戶之相關債務內容；③今後與該客戶之所有聯繫請改洽該受任律師。

關於①之債務清理，如係記載為「因有償債困難，擬於近日聲請破產」者，應可判斷已構成「停止支付」。但如設例般僅記載「擬展開債務清理程序」，則通常亦可解釋為包含寬限清償或免除部分債務等內容，倘債務人僅係一單純之薪資所得者，原則上仍可認為構成「停止支付」，但若仍存在其他可能恢復償債能力之情事或明顯僅需暫時寬限其清償，則債務人大部分債務未必已陷於支付不能狀態，即無法認為其已構成「停止支付」。若不構成「停止支付」，緊接著便須對其是否該當於請求喪失事由，及是否應行使請求喪失等進行檢討。

儘管和期限利益喪失並無直接關聯，此處就關於②之請求揭露客戶之相關債務內容，應如何處理一事稍作說明。當債權人係金融機構時，原則上其對客戶負有保密義務。萬一發出受任通知書之人係一假冒之徒，則隨意對未受客戶委任之對象揭露客戶債務內容，恐有違反保密義務問題。因此，仍應先核實該律師或司法書士確係受客戶委任後，再向其揭露相關債務內容較為穩妥。對於委任關係之核實，實務上通常係要求提示委任狀影本，惟當發函者可提示銀行與客戶間之交易約定書等文件等，應足以推認其存在委任關係，亦未必需拘泥於委任狀影本之提示。

此外，根據貸款業法之規定，當貸款業者於收受債務清理受任通知函後，於滿足一定要件時，即不得直接請求債務人清償債務（貸款業法 21 條 1 項 9 款）。上述案例中「今後與該客戶之所有聯繫請改洽該受任律師」之要求，即根據此規定而來。惟此規定並未禁止僅單純向債務人核實委任關係之行為，且銀行或一般企業本亦不屬於貸款業法所定義之貸款業者，並不適用此規定。儘管如此，當收到律師或司法書士所寄之債務清理受任通知函後，如未先行知會該律師或司法書士而逕與債務人聯絡，仍可能引發無謂糾紛，尚請留意。

(5) 有保全債權必要之相當事由（銀行往來約定書 5 條 2 項 5 款）

「有保全債權必要之相當事由」此一期限利益喪失事由，通常適用於雖不該當所列舉之具體事由，但發生有相當之重大事實，且已無法期待債務人如期清償之情形。典型事例諸如：債務人遭發現虛飾財報、往來客戶破產、有嚴重惡化公司信用之組織重組或出讓資產等情事。

畢竟期限利益之喪失對債務人有極大影響，故對於期限利益喪失之判斷亦應力求慎重。對於「無法期待債務人如期清償」一事，非僅為主觀之臆測而須有客觀且確實之事實佐證。期限利益喪失之判斷，經常需於極短時間內作出，故除應盡可能蒐集相關資料以為證據外，與債務人間之各種聯絡往來，亦應留下確實紀錄。

此外，如前所述，關於請求喪失，雖已於形式上符合請求喪失事由，依法得使其喪失期限利益，但有時強行令其喪失期限利益未必為最佳對策，不如暫時使其繼續營業，或許最終或反能提高整體回收可能性。此時，選擇不讓其喪失期限利益或許更好。

(6) 期限利益之再賦予

期限利益之再賦予，係指當期限利益喪失後或期限經過後，因認為債務人尚有償債可能，於是重新設定償還期限（雖稱為再賦予，惟性質上仍為債權人與債務人間之合意）。

例如，當債務人之存款債權遭到扣押時，雖已該當於當然喪失事由（銀行往來約定書例 5 條 1 項 3 款），惟如該扣押乃係債務人與第三人間之偶發糾紛所致，則畢竟債務人之清償能力本身並無問題，此時應可考慮再重新賦予其期限利益。另外，當存款債權之扣押被撤銷等當然喪失事由嗣後消滅之情形，期限利益並非當然復活，仍應經重新賦予期限利益後方得復活。

實務上，經常有債權人透過與債務人協商，允許其作事實上分期清償之情形，惟此種「事實上之容許」並非此所謂之期限利益再賦予。是否再賦予期限利益，應明確以意思表示向債務人為之。就此若僅含糊帶過，則倘債權人根本無再賦予期限利益之意圖，卻遭債務人誤解為有者，恐引起無謂糾紛。

3 期限利益喪失之意思表示

(1) 意思表示之方式

於請求喪失之情形，為使喪失期限利益，應以意思表示方式為之（契約實務上雖亦有約定如「得不需為任何通知或催告而逕使喪失期限利益」等，惟除非係當然喪失之情形，否則仍應以通知為意思表示始可）。意思表示雖亦得以口頭方式為之，惟實務上基於日後舉證方便等觀點，通常係以存證信函方式向債務人寄發「償還請求書」（記載使喪失期限利益之意思並催告償還債務等內容）。即便遇情況緊急而須親自交付通知書或僅能以口頭表示之情形，亦應儘量留下相關證據。例如，將通知書作成一式二份，請收件人於其中一份上註明收訖字樣或收訖章，並於當日速洽公證人對日期進行公證，或可洽二人以上之見證人在場見證並詳細記錄該情況。

另一方面，於當然喪失之情形，原則上雖不需為意思表示即可生喪失期限利益效力，惟實務上為期明確，通常仍會以存證信函方式寄發「償還請求書」。因此種請求書尚可作為於請求信用保證協會等代位清償時之提出資料，亦可作為聲請假扣押等程序時之釋明資料。

(2) 意思表示之到達

意思表示，以到達相對方時生其效力（民法 97 條 1 項）。關於請求喪失期限利益之意思表示，亦同。以下，接著討論幾個與到達相關的問題。

a 債務人下落不明

首先，是債務人下落不明。銀行往來約定書例 5 條 1 項 4 款「因怠於告知住所變更等可歸責於本人之事由，致貴行不知本人之下落者」，經常被列為當然喪失事由之一種。故當債務人下落不明時，似乎不待債權人為任何請求即當然喪失期限利益。惟類似銀行往來約定書例 5 條 1 項 4 款般之約定，通常並非指單純下落不明，而被限定解釋成債務人故意隱匿行蹤，以逃避銀行聯繫等有違反誠信之情形。但畢竟銀行亦很難斷定是否有違反誠信之情形，故實務上當發生下落不明之情形時，通常並非直接適用銀行往來約定書例 5 條 1 項 4 款，而係根據下落不明之態樣及其他情事綜合判斷，若認為符合銀行往來約定書例 5 條 2 項 5 款之「有保全債權必要之相當事由」時，則引用該款以請求方式使之喪失期限利益。

問題是，當債務人下落不明時，請求喪失期限利益之意思表示，究該如何送達？法律上，就意思表示相對人下落不明者，雖有意思表示之公示制度可資利用，意思表示即便未真正到達相對人亦能發生效力（民法 98 條）。惟以公示方式進行意思表示，

圖表 4-2

第 11 條（告知事項之變更）
① 當印鑑、名稱、商號、負責人、住址或其他應告知事項有變更時，應立即以書面告知貴行。 ② 因怠於為前項之告知等可歸責於本人之事由，致貴行所發出之通知或所寄送之文件遲延或不能到達者，以通常應到達之時視為已到達。

在程序上仍不免繁瑣。故銀行往來約定書中通常亦有如圖表 4-2 所示之條款。

此項銀行往來約定書例 11 條 2 項之條款，又稱為「視為到達規定」。視為到達規定與銀行往來約定書例 5 條 1 項 4 款不同，經實地訪查或調取戶籍資料後仍無法掌握債權人之真實住居所時，即便債務人並無特殊違反誠信情事，仍得適用本規定。此外，當債務人為法人時，當負責人及事業所、營業所所在不明者，亦得適用此項規定。

從而，銀行僅需對債務人之已知住所發送通知，即得於該通知通常應到達之時點發生請求喪失期限利益效力。切忌因認為下落不明便省略對債務人進行通知作為，如此將無法適用本款視為到達規定。不論如何，應一律進行通知。

b 附送達證明存證信函之退回

接著看，當債權人掌握了債務人下落，而對該處所寄發附送達證明存證信函之情形。若確實收到擲回之送達證明書，一般並無問題（僅需妥善保管送達證明書即可）。問題乃於送達未完成之情形。這種情形，通常在退回郵件之附箋上會註記送達未完成

之原因。

　　最常見之退回原因係拒絕受領。此情形，因已進入相對人支配領域，可認為信件已到達對方，亦發生阻止時效完成之催告效果。僅需將被退回之信件作為證據保管即可。至於與相對人間糾紛之解決，需另行處理。

　　退回原因之二係遷址不明。此時，應先依實地訪查或調取戶籍資料等方式嘗試查詢現在之住址。一旦發現遷址後之真實住所地，再重新對該處所寄發。惟若經調查後仍未能發現新住址時，則可認為債務人下落不明，依視為送達之規定，以最初通知通常應到達之時，視為期限利益已喪失（應將被退回之存證信函作為證據妥善保管）。

　　退回原因之三係招領期間屆滿被退回。關於存證信函之投遞，日本郵局通常於遇到收件人不在時，會留置「不在通知書」請收件人於 7 日內前來郵局領取，未領取者，將退回給寄件人。就此情形，部分判例認為應以招領期間屆滿視為到達。惟該判例見解（最判平成 10 年 6 月 11 日民集 52 卷 4 號 1034 頁），主要係基於相對人於認知到不在通知書之存在後即應得以推知存證信函之內容，其受領郵件之負擔並不太大，但不見得可將此見解一般化。故於收件人不在而被退回時，仍應當作未到達並重新再為意思表示。仍未能到達者，應進一步前往對方住址訪查。再次作出之意思表示，除以附送達證明之存證信函寄送外，亦可同時寄送普通郵件（因普通郵件即便於收件人不在，亦可投入其信箱，可藉以觀察收件人查收信箱後之反應）。

債務人下落不明所衍生之其他問題

1. 與下落不明之債務人進行抵銷

下落不明之債務人尚餘有存款時，倘銀行於債務人喪失期限利益後可凍結其存款者，則除債權移轉命令之債權人可能行使之反向抵銷外，基本上該存款並無流失風險。故僅需於查明債務人下落後，再為抵銷之意思表示即可，無需特意辦理意思表示公示送達。若該存款上存在扣押或債權移轉命令，則僅需對扣押債權人或移轉債權人為抵銷之意思表示即可。儘快對移轉債權人為意思表示，亦能防止移轉債權人行使反向抵銷。

此外，亦有見解認為依「視為到達規定」所為之抵銷意思表示，並不得對扣押債權人或移轉債權人等第三人主張抵銷效力。若依此見解，則依「視為到達規定」為抵銷意思表示後，仍應另外對扣押債權人或移轉債權人為抵銷意思表示。

2. 對下落不明者之時效中斷

假設對下落不明債務人之貸款債權時效即將於 2 週後完成，必須設法中斷時效。中斷時效方法一般有：①債務人承認債務；②對債務人之財產進行查封扣押、假扣押、假處分；③向債務人請求等。在③之請求當中，起訴等訴

訟上之請求有完全中斷時效效果，惟訴訟外請求則僅有延長 6 個月時效之效果，於該 6 個月期間若未採取其他中斷時效程序，則時效將完成。

此時，可考慮對債務人之財產聲請（假）扣押或聲請拍賣，以實行擔保權（聲請拍賣後，擔保物將會被查封扣押）。

但當無法掌握可供（假）扣押之財產或未設定擔保時，只剩請求一途。此時，若利用「視為到達規定」而為訴訟外之請求，其時效中斷之效力或有疑問，而若採公示送達為訴訟外之請求，亦需於揭示後 2 週後始發生效力，時間上恐有未及。總而言之，仍以逕行起訴請求最為妥當。

3. 第三人清償

假設銀行融資 100 萬給 A，A 之子 B、C 二人各繼承 50 萬債務。其中 C 下落不明，B 除自己繼承之債務外，亦願意清償 C 所繼承之債務，惟 B 並非該債務之保證人或物上保證人。

法律上，就非保證人或物上保證人等不具利害關係之第三人所為之清償，須不違反債務人之意思始有效力。惟上述案事例中，因債務人 C 下落不明，故無法確認 B 之清償是否違反 C 之意思。於此情形，因成為他人之保證人並不需債務人本人同意，故作為一權宜之計，銀行可考慮向 B 徵求保證書，接受其以保證人身分所為之清償。

第 **5** 章　從擔保物取得回收

1

序　言

　　當債權人為保全其債權而就債務人或第三人之資產設定擔保權時，債權人可優先於其他債權人自該擔保物（之處分價值）取得回收。於此意義下，與擔保物以外之債務人財產（所謂「一般財產」）不同，對於擔保物，通常並不需搶先其他債權人採取特別之債權回收（保全）手段。

　　儘管如此，但當債務人已顯露破產危機時，亦非一概無須對擔保物採取行動。倘擔保物價值已足夠清償全部債權或許尚無問題，惟當擔保物價值並不足以保全全部債權時，仍須就不足部分採取一定之債權回收（保全）手段。為此，如前所述，應儘快確認擔保物對債權之保全情況，以為嗣後之債權回收（保全）行動預作準備。

2 從擔保不動產取得回收

(1) 回收前準備

因擔保物種類或擔保權種類不同，應採取之具體行動亦有所不同。惟仍有部分共通事項，諸如：①應重新詳查契約文件，確認擔保權設定契約之有效性；②應重新確認該擔保權已具備對抗要件；③應了解擔保物現況，確認擔保價值有無重大變動等。關於以上各節概要，已於先前做過介紹（第 2 章 2），此處僅就掌握擔保物現況一項，再為若干補充。

擔保不動產，隨著時間經過，其相關權利關係或具體情況可能發生變化。有些變化將可能成為日後實行擔保權時之障礙，甚至降低該擔保不動產之價值。因此，作為債權人，不僅應對契約書面文件進行確認，亦須盡早對擔保不動產本身現況進行了解。

a 確認登記情況

當債權人設定完不動產擔保權並辦理登記後，該不動產所有權人之債務人（或物上保證人）可能嗣後出賣該不動產，或其他債權人再設定新擔保權。故作為債權人，有必要重新調閱擔保不動產之登記事項證明書（不動產登記簿謄本），以確認該不動產

上之權利關係有無發生變化。

倘該擔保不動產所有權已移轉登記給第三人，一旦要實行擔保權時，便需以該第三人為當事人而向法院提出聲請等；另外，於變賣程序中，亦需取得該第三人對變賣之同意。再者，將擔保不動產所有權移轉給第三人後，該第三人亦得請求消滅抵押權（民法 379 條）。一旦債權人收到該抵押權消滅請求通知而未加理會時，債權人恐僅能接受低額之清償而有喪失該擔保權之風險，應注意此種情況之發生。

此外，擔保不動產亦可能嗣後為其他債權人再設定新擔保權並經登記。原則上，先順位擔保權債權人得優先於後順位擔保權人，由該擔保不動產獲得清償。至於變賣之情形，如同後述，為取得後順位擔保權人之同意，依照實務上習慣，通常都須向其支付所謂「印鑑費」。

最後，於為擔保權設定登記後，其他債權人亦可能對擔保不動產聲請查封。已取得擔保權之債權人對登記在後之查封債權人，原則上與對後順位擔保權人同，有優先受償權。惟倘該查封係因國稅滯納處分所為者，若滯納之國稅法定繳納期限在擔保權設定登記時點之前，則即便查封時間後於登記，國稅債權亦有優先受償權（國稅徵收法 16 條），應特別注意。

b 現場勘查

除確認登記情況外，尚有必要親赴擔保不動產所在地勘查現狀。

例如，以建物設定擔保權之情形，或許當債務人陷於信用危機時，該建物早已不復存在。此時，該建物上之擔保權當然亦隨標的物滅失而消滅。是故，若僅就該建物設定擔保者，便喪失該擔保權；倘連同所在土地設定擔保者，則該土地成為空地，應有必要重新評估其擔保價值。無論如何，債權保全情況與當初已大有不同。

　　此外，亦偶有發生建物遭第三人占有之情形。若該第三人就該建物具有有效之租賃關係，且係發生於擔保權設定登記之後者，則該第三人不得以該租賃權對抗擔保權人，日後實行擔保權時，於拍定後 6 個月之遷讓猶豫期間後，該第三人必須自該建物遷出（民法 395 條）。惟若僅為名義上之承租人，實際上卻係基於妨害執行目的而占有之第三人（反社會性勢力之占有等），則恐影響日後拍賣程序中應買人之意願及拍賣價格。遇此情形，作為擔保權人之債權人，或有必要聲請「為保全出賣之處分」（民事執行法 188 條、55 條），請求該第三人遷出。

　　此外，以土地（空地）設定擔保權者，亦可能發生未經擔保權人同意而擅自於該土地上興建建物之情形。若建物乃興建於土地擔保權設定登記之後者，則該建物所有權人不得對抗擔保權人，日後實行擔保權時，必須除去該建物，惟除去建物之費用實際上將由買受人負擔，故該建物之存在將成為壓低出賣價格因素之一。為免此種不利，作為土地擔保權人之債權人，得將該地上之建物與該擔保土地併付拍賣（民法 389 條）。另外，若係以妨害執行為目的而於擔保土地上興建建物者（反社會性勢力興建

組合式小屋等），即使併付拍賣恐亦難以吸引應買人興趣。此時，或可於聲請拍賣擔保土地同時，亦聲請為「為保全出賣之處分」，請求預先除去土地上之建物。

基　本　用　語　解　說

「為保全出賣之處分」

「為保全出賣之處分」，乃係不動產拍賣程序中，為防止債務人或不動產占有人有減少該不動產價格之行為，經查封債權人提出聲請，由執行法院所為之一種保全處分（民事執行法 55 條、188 條）。

具體有以下幾種：①作為、不作為命令（禁止債務人等為減少標的不動產價格之行為或命其為一定之行為。同法 55 條 1 項 1 款）；②執行官保管命令（解除標的不動產占有人之占有，改由執行官保管。同項 2 款）；③禁止移轉占有之保全處分（禁止標的不動產之占有人移轉其占有。依此而發生當事人恆定效果，即便嗣後移轉占有，亦得對後來之占有人強制執行標的不動產之交付。同項 3 款）。

進行上述保全處分裁定時，原則上須特定相對人之姓名等資料，惟經調查仍不能查明標的不動產之占有人者，或遇有以變換占有人方式妨害執行者，恐難以特定相對人。故 2003 年日本民事執行法修正時，新增「有難以特定相對人之特別情事」者，可不待特定相對人而逕行裁定

為執行官保管命令或禁止移轉占有之保全處分（同法 55
條之 2、188 條）。

(2) 擔保權之實行程序

完成上述確認作業後，雖可對擔保物之現在價值有所掌
握，但為實現該擔保價值（由該擔保物獲得清償），原則上，尚
須經實行擔保權之法律程序。實行擔保權之程序，因擔保物或擔
保權之種類而異，為快速而適切地回收債權，有必要對這些程序
之基本內容有所理解。

a 拍賣

關於擔保權（抵押權）之實行，大都採用拍賣方法為之。以
圖表 5-1 依時序先後，對拍賣程序之流程略作說明。

一般而言，完成①至⑧之流程，約需 9 個月至 1 年左右時間。

圖表 5-1

① 聲請	由抵押權人向擔保不動產所在地之管轄地方法院聲請拍賣（民事執行法 188 條、44 條）。 聲請書需檢附擔保權之證明文件（同法 181 條 1 項），通常係登記事項證明書（同項 3 款）。
② 裁定開始拍賣及查封	法院於審查聲請書認為聲請合法後裁定開始拍賣，並宣告查封擔保不動產（民事執行法 188 條、45 條 1 項）。據此，法院書記官應立即囑託為查封登記（同法 48 條 1 項）。登記完畢後，將裁定書正本送達擔保不動產所有權人（債務人或物上保證人）（同法 45 條 2 項）。 查封後，擔保不動產所有人即禁止就該不動產為一切處分行為。

圖表 5-1（續）

③ 決定參與分配之截止日及催告債權申報	由法院書記官於查封生效後決定參與分配（查封登記後所登記之假扣押債權人等具一定資格者，得要求參與分配擔保不動產之處分價金）之截止日（民事執行法 188 條、49 條 1 項）並予以公告（同條 2 項）。 由法院書記官向查封登記前所登記之其他抵押權人等利害關係人及稅務機關，催告申報債權之有無、原因及金額（同項）。
④ 命令調查現狀及命令鑑價	由法院命執行官對擔保不動產之形狀、占有關係及其他現狀進行調查（民事執行法 188 條、57 條 1 項）並製作現狀調查報告書；命鑑價人（不動產鑑定士）對擔保不動產進行鑑價（同法 58 條 1 項）並製作鑑價書。
⑤ 核定最低拍賣價格及製作物件明細書	由法院根據現狀調查報告書及鑑價書核定拍賣底價（應買人願出之價格，需為底價八成以上）（民事執行法 188 條、60 條 1‧3 項）。 由法院書記官製作物件明細書，以向應買人提供對拍賣物件權利關係有重大影響之資訊（同法 62 條 1 項）。
⑥ 拍賣之實施及拍定之裁定	於核定底價、作成物件明細書後，即進入拍賣實施程序。通常於規定之投標期間內以公開招標方法進行。 由法院書記官公告投標期間等（民事執行法 188 條、64 條 5 項），並將現狀調查報告書、鑑價書及物件明細書影本備置於法院，以供應買人閱覽（同法 62 條 2 項、民事執行規則 173 條 1 項、31 條、36 條）。於開標期日，拍定予出價最高之應買人（同規則 49 條、42 條）。應買人若無不許拍定之事由者（民事執行法 71 條）法院即應為拍定之裁定（同法 69 條）。
⑦ 交付價金	拍定許可之裁定確定後，當拍定人於期限內交付價金後，即取得該拍賣物件之權利（民事執行法 188 條、78 條、79 條）。
⑧ 實施分配	價金交付後，由法院對抵押權人等實施分配（民事執行法 188 條、84 條）。

併付拍賣

併付拍賣，係指土地抵押權人雖未就土地上之建物設定抵押權，但於實行抵押權時仍可將土地與建物（不問建物與土地所有權人是否為同一人）合併交付拍賣之制度（民法 389 條）。

成立併付拍賣之要件為：①於設定抵押權當時，土地上並不存在建物；②建物所有權人就土地之占有，並無得對抗抵押權人之權利。

惟抵押權人就土地及建物之拍賣價金，僅得於土地拍賣價金範圍內接受分配，建物拍賣價金部分仍應歸建物所有權人（於該建物上有擔保權者，則為該擔保權人）所有。

b 基於物上代位之租金扣押

倘若擔保不動產為收益性物件，則作為一種債權回收方法，擔保權人亦得自聲請拍賣至最終拍定為止期間，基於物上代位關係對該不動產之租金收益實施扣押。此係因抵押權效力亦及於標的不動產之孳息（民法 371 條），而標的不動產之租金相當於此處之孳息（最二小判平成元年 10 月 27 日民集 43 卷 9 號 1070 頁）之故，因而抵押權人亦得優先回收該租金，以滿足自己之債權。

基於物上代位之租金扣押程序，抵押權人應先確定不動產之承租人後，以抵押不動產所有權人為債務人、以承租人為第三債務人，向法院聲請就前者對後者之租金債權發債權差押命令（民事執行法 193 條 1 項）。由受理聲請之執行法院發出債權扣押命令，並將裁定書正本送達債務人（所有權人）及第三債務人（承租人）。於送達債務人（所有權人）起經 1 週後，抵押權人即可直接向第三債務人（承租人）收取所扣押租金（同條 2 項、同法 145 條 3 項、155 條 1 項）。

此外，由於物上代位之租金扣押，可於聲請拍賣前進行聲請之故，倘因不動產市況不佳等而不宜立即交付拍賣者，建議可考慮採此方法先行回收。

c 擔保不動產收益之執行

自日本所謂泡沫經濟破滅後，拍賣市場長期處於停滯狀態，就大型出租大樓等收益性物件，抵押權人之債權回收通常並非仰賴拍賣所得價金，而主要係該擔保不動產之租金收益。2003 年修正民事執行法時，便新增擔保不動產收益執行制度（同法 180 條 2 款）。

此項制度，係由抵押權人提出聲請，於執行法院裁定開始擔保不動產收益之執行程序後，可查封標的不動產、選任管理人，由其管理該不動產並收取相關收益（租金），隨時以該收益對抵押權人等進行分配（同法 188 條、93 條 1 項、94 條 1 項、107 條）。

就以租金收益作爲債權回收手段而言，本項制度與前述基於物上代位之租金扣押相同，惟本項執行制度，尚有以下特點：①於未能特定第三債務人（承租人）時亦可聲請；②於承租人頻繁變更情況下，管理人亦可根據隨時簽訂之租約向新承租人收取租金；③由管理人占有擔保不動產並管理，可避免物件荒廢，亦可排除不法占有等執行妨害。惟另一方面，物件維持管理費用及管理人報酬、稅捐方面，所需成本較高（可自收益內扣除），一般而言，擔保不動產收益執行制度，較不適於小規模物件之擔保權實行。

(3) 變賣

a 意義

擔保不動產之變賣，係指不經拍賣等法定程序而由擔保不動產所有權人任意出賣，以賣得價金清償擔保權人之債權並解除擔保權。

與拍賣等法定程序相較，變賣通常具有以下優點。

(a) 可賣得較高金額

於拍賣之情形，係以執行法院所核定最低拍定價格爲基準進行拍賣，一般情況下拍定價格多低於市場價格。此或因一般人多認爲拍賣物件具一定之風險，因而影響應買意願或將該風險反映於價格。其結果，應買人多以不動產業者爲主，且通常都以低於終端市場之價格拍得物件。

至於變賣之情形，由於並無上述拍賣程序中之特有情事，通常可允許購買人預先勘察物件，較無不可測之風險，因此其換價金額亦可獲得確保，一般而言可賣得較拍賣更高之價格。

(b) 可較快賣出

於拍賣之情形，通常由聲請至分配約需 9 個月到 1 年左右時間。

至於變賣之情形，並不須遵循如拍賣之程序，僅需取得全體關係人之同意，即可於較短時間內回收債權。惟於需要經常性反復持續處分擔保不動產（實業型公司較少，但銀行等金融機構有可能）之情形，若自行從事處分活動，恐有牴觸宅地建物交易業法風險，故宜委託具有宅建業資格之不動產公司代為銷售。

(c) 係基於擔保不動產所有權人同意所為

拍賣乃係一種不經擔保不動產所有權人（債務人或物上保證人）之意思，而強制將擔保不動產交付換價程序，以回收債權之手段。儘管此係法律所認可之正當債權回收手段，惟難免偶有對擔保不動產所有權人（如該不動產為自用住宅之情況）較為苛刻之情況，容易遺留禍患。

至於變賣之情形，基本上係於徵得擔保不動產所有權人同意之前提下所為，通常所有權人亦較願意配合。

如上所述，與拍賣等法定程序相較，變賣對於擔保權人及擔保不動產所有權人雙方都有益處。債權人在考慮由擔保不動產回收債權之際，或應優先考慮採變賣方式。

b 採行變賣時應留意點

(a) 出賣價格之妥當性

變賣與定有最低拍定底價之拍賣有異，不論價格如何僅需關係人達成合意即可成交。惟為求債權回收之最大化及為順利取得後順位擔保權人之同意，通常價格皆處於與市價相當之水準。

尤其銀行通常會對擔保不動產之擔保價值定期評估，在判斷出賣價格妥當性時，首應著眼於與評估額之一致性。惟因估價時點及方法不同，評估額亦可能各異，尚應綜合考量其他情事整體判斷。

(b) 與後順位擔保權人等之協商分配

擔保不動產有後順位擔保權人時，當不動產之出讓價金於清償先順位擔保權人後尚有剩餘者，則後順位擔保權人亦得就該剩餘部分受償。因此，後順位擔保權人通常會高度關心擔保不動產之出讓價格，希望能以較高之價格賣出。

倘未能獲得後順位擔保權人同意解除擔保權設定登記，通常買受人便不願應買，變賣亦因此而不可行，故先順位擔保權人通常亦須為一定之讓步。一般會將其與可能之拍賣價格進行比較，並與後順位抵押權人間，就賣出價金分配進行協商。

若經評估採取拍賣方式將無剩餘，本來並不須分配予後順位抵押權人，但作為一種實務上慣例，為爭取其同意解除登記，通常亦會向其支付一定之「印鑑費」。此「印鑑費」視債權額或賣出之價額而定，若物件處分金額屬高檔行情者，一般約需 50 萬圓至 100 萬圓左右不等。

3 從其他擔保物取得回收

關於債權擔保、有價證券擔保或動產擔保等之債權回收，在準備階段基本與不動產擔保相同，皆需確認契約書等是否完備。此外，作為一種法定擔保權，民法中規定有動產買賣先取特權（民法321條）。一般實業型公司對自己所出售貨品之貨款回收，可利用此規定扣押客戶對其轉售對象所享有之買賣價金債權。因此，對是否存在這種先取特權一事，亦為確認重點。惟若為銀行，通常較無這方面問題。

除此之外，關於實行擔保權應注意之點，大致如下。

(1) 指名債權擔保

a 對第三債務人寄送登記事項證明書

關於指名債權之擔保權，有質權（民法362條）和讓與擔保權二種。指名債權擔保之第三人對抗要件有以下二種：①根據民法規定。即以通知或第三債務人之承諾（同法364條、467條）；②依動產及債權讓與特例法所為之債權讓與登記（同法4條1項）。

其中，採債權讓與登記之方式者，雖得以債權讓與登記對抗第三債務人以外之第三人，惟與第三債務人之間，並不能僅憑債

權讓與登記而具備對抗要件，而須對第三債務人以交付登記事項證明書之方式爲通知後，始具備對第三債務人之對抗要件（債務人對抗要件）（同條 2 項）。亦即，爲此通知前，第三債務人尚得以擔保權設定人爲債權人而清償債務。

因此，銀行作爲擔保權人，當發現債務人已有破產徵兆而認有必要回收債權擔保時，首先應對第三債務人進行通知，以具備債務人對抗要件。實務上，通常係以第三債務人爲收件人，寄發附送達證明之存證信函，記載擬實行擔保權意旨。同時，並以附送達證明之掛號郵件寄送登記事項證明書。

b 債權讓與通知

與不動產登記之保留登記一樣，於債權讓與爲保留登記時或因債權讓與登記不完備而未發生對抗要件效力時，銀行作爲擔保權人，得以通知方式（實務上通常採附送達證明之存證信函）而具備債務人對抗要件和第三人對抗要件（民法 467 條）。

惟於債務人信用惡化以後始具備對抗要件者，當該債務人進入法定債務清理程序後，該對抗要件仍有遭到撤銷之風險（第 3 章 8(2)c 參照）。

c 實行擔保權之程序

指名債權之質權人，得直接自行收取對象債權（民法 366 條 1 項）。就讓與擔保權人，亦應作相同解釋。

從而，銀行於實行擔保債權之際，得逕行請求第三債務人對

自己爲清償，而無須經過任何法院聲請程序。

(2) 動產擔保

a 集合動產讓與擔保之實行通知

關於集合動產之讓與擔保，因擔保權動產於日常營業活動中不斷發生變動，只要動產一經移出保管場所，原則上即不爲擔保權效力所及。

從而，銀行作爲擔保權人，當發現債務人有破產徵兆而認有必要對集合動產擔保回收債權時，首先應向債務人發出擔保權實行通知，以此將擔保權標的物特定爲通知時位於保管場所內之動產（固定化）。

固定化後始移入保管場所之動產，一般解釋認爲不爲擔保權效力所及，因此須特別注意發出實行通知之時機。

b 保全擔保動產之重要性

一般而言，動產易於搬動且易於隱匿、處分。再者，動產讓與擔保之對抗要件，以採動產讓與登記（動產、債權讓與特例法 3 條 1 項）或占有改定方式交付（民法 183 條）居多。惟無論採上述哪種方式，通常都難以由該擔保動產本身辨識擔保權之存在，故當若債務人擅將擔保動產（包含已固定化之集合動產讓與擔保之標的動產）出賣給第三人時，該第三人有可能成立善意取得。

從而，當擔保權人認爲擔保動產有遭到隱匿、處分之危險

時，可考慮向法院聲請禁止移轉占有之假處分（民事保全法 23 條），以保全相關擔保動產。

c 擔保權之實行程序

就動產讓與擔保，擔保權人通常可採行以下二種方式回收被擔保債權：一種係於發出擔保權實行通知後，將擔保動產處分予第三人，以處分所得之代價清償被擔保債權（處分清算）；另一種則係對動產進行適當估價，由自己取得所有權，再以估價額清償被擔保債權（歸屬清算）。

然而，多半情況下債權人並不容易對擔保動產進行估價或處分，通常還需仰賴債務人尋覓出售對象。實務上，關於動產擔保之債權回收，多半需與債務人就如何變賣擔保物進行協商。

4 法定債務清理程序與擔保權

(1) 各種法定債務清理程序對擔保權之處置

在法定債務清理程序中，原則上債務人之資產應作爲全體債權人債權之責任財產，對其進行換價並公平分配。至於爲特定債權人而設定擔保者，則如下所述，應做特別處理。

a 破產及民事再生

在破產程序及民事再生程序中，擔保權（商事留置權、特別先取特權、質權及抵押權）原則上不受該程序影響。亦即，擔保權人得於程序外自由行使其擔保權，優先獲得清償。

具此種特殊地位之擔保權，於債務清理程序上又稱爲「別除權」（破產法 65 條、民事再生法 53 條）。

b 公司更生

相對於此，公司更生程序中，則因特別重視事業重建之優先性，故擔保權（商事留置權、特別先取特權、質權及抵押權）人，原則上不得於更生程序外個別行使其權利，而須被納入更生程序中，按更生計畫所決定之內容獲得清償（公司更生法 47 條 1 項）。

而權利人所享有之被擔保債權，作為更生擔保權（同法 2 條 10 項），於更生計畫內被賦予最優先順位，惟其權利仍有被變更（減免）之可能。

(2) 擔保權人於法定債務清理程序內之債權回收

a 破產及民事再生

在破產程序及民事再生程序中，別除權人僅得就別除權行使後尚未滿足部分，在程序中行使其權利（獲得分配等）（不足額責任主義。破產法 108 條 1 項、民事再生法 88 條）。因此，別除權人於申報債權之際，除通常債權申報事項（破產法 111 條 1 項、民事再生法 94 條 1 項）外，尚必須申報別除權標的財產及預估別除權行使後無法獲償之債權額（預估不足額）（破產法 111 條 2 項、民事再生法 94 條 2 項）。

在破產程序中，別除權人為就上述不足額接受分配，應於分配前一定期間對該不足額提出相關證明（破產法 198 條 3 項），而除了放棄別除權外，在別除權標的物未經換價前，該不足額並無法確定，因此應特別注意別除權行使時機。例如，別除權標的物為不動產者，未必需要以拍賣方式進行換價。如前所述，由於採變賣方式有諸多優點，銀行作為擔保權人（別除權人）通常會與破產管理人就是否進行變賣進行協商，以期由擔保物回收債權。

至於民事再生程序，與清算型之破產程序有異，某些情況下

別除權標的物乃係再生債務人之事業重建所必要，並不適於僅為確定不足額之目的而處分該標的物。因此，再生債務人經與別除權人協商後，通常會協議對被擔保債權進行減額（據此，無擔保之債權即告確定，別除權人即得於再生程序內行使其權利。民事再生法 88 條但書），並由再生債務人對別除權人就該減額後之被擔保債權清償（清償完畢後，塗銷擔保權）。此種協議又稱為別除權協議，銀行作為擔保權人（別除權人），通常會與再生債務人簽訂此種別除權協議，而由擔保物回收債權。

b 公司更生

公司更生程序中，更生擔保權人，除須申報更生債權外（公司更生法 138 條 1 項），亦須申報更生擔保權（同條 2 項）。一旦怠於申報，該更生擔保權於更生計畫中即不被考慮，隨更生計畫被裁定認可後，該擔保權即歸於消滅（同法 204 條 1 項），對此須特別注意。

就所申報之更生擔保權，管理人應就其內容及擔保權標的財產價額等，決定是否承認（同法 146 條 1 項 2 款）。當銀行作為更生擔保權人與管理人間，就擔保權標的財產之價額評估有歧見，所申報之更生擔保權無法獲得管理人認可者，應向法院聲請審定更生擔保權（同法 151 條 1 項）及聲請裁定該財產價額（同法 153 條），以確定估價額。

此外，擔保權標的財產中，若非事業重建所特別需要者，即無須禁止對這些財產實行擔保權。若預期這些財產價值可能下跌

者，作爲擔保權人之債權人，應盡早進行處分，可促請法院依職權解除對擔保權實行之禁止（同法 50 條 7 項）。

第 6 章　從保證取得回收

1 從一般保證人取得回收

(1) 回收前準備

　　於保證契約有效成立且無瑕疵之前提下，債權人得向保證人請求履行保證債務。

　　因此，作為第一步，首先必須對與保證相關之契約文件進行確認（第2章2(2)）。

(2) 保證債務之履行期限

　　對於保證債務，於履行期屆至前，保證人並無清償之義務，惟基於保證債務之從屬性，當主債務履行期屆至時，保證債務之履行期亦當然隨之屆至。從而，當主債務人之經營惡化並因而喪失期限利益時，保證人就自己之保證債務亦同喪失期限利益，應立即履行債務。

　　於銀行就主債務人之債，以請求方式使其喪失期限利益之情形，基於上述保證債務之從屬性，本來無需債權人特別為意思表示，亦得使保證人之保證債務喪失期限利益。惟實務上，當以附送達證明之存證信函，向主債務人寄送期限利益喪失通知之際，一般亦會以同樣方法向保證人為喪失期限利益之通知，請求

其履行保證債務。

(3) 自保證人取得回收

基本上，保證債務之內容與主債務同。此外，因實務上幾乎皆採連帶保證方式，保證人通常並不享有催告抗辯權及追索抗辯權。從而，保證人所處地位幾乎與主債務人相同，故可向主債務人實施之債權回收手段，亦同樣適用於保證人。亦即，當保證人有存款時，保證債務履行請求權得與存款債務間互為抵銷。當自保證人受有託收票據時，亦可由該票據之代收款回收債權。若保證人尚有其他具價值之資產，則得聲請假扣押，以防止移轉給第三人。一旦獲得勝訴判決，則得以之為執行名義聲請強制執行。至於已經流出之資產，亦可透過行使詐害行為撤銷權等方式請求恢復。

此外，關於最高限額保證，除了就貸款等最高限額保證契約，一定之事由將構成原債權確定事由（民法 465 條之 4）外，法律上並未就原債權之確定有其他特別規定。從而，就最高限額保證債務，在（附屬於主債務之）履行期已屆至，但原債權確定期日尚未屆至之情形，於被保證債務尚未確定之段階，能否向保證人請求履行保證債務，或有疑問。關於此點，應把將來被保證債務是否可能發生增減一事，與是否應履行已屆履行期之被保證債務一事分別考慮。即便於最高限額保證，只要履行期屆至，仍應認為不待原債權確定即得請求履行保證債務。惟無論如何，實務上通常均會於最高限額保證契約書中約定，債權人得依其單方

之意思表示，請求確定原債權，因此一般並不會成為問題。

　　另外，擔任保證人者，除後述信用保證協會外，亦有屬於銀行關係企業之保證公司。當債務人不履行債務時，債權人得向保證公司請求履行保證義務以回收債權，而履行保證義務之保證公司，通常因享有以求償權為被擔保債權之擔保權（抵押權等），可行使該擔保權以回收其求償債權。惟有些情況下，當債務人不履行債務時，保證公司或將以未滿足保證契約條件為由，而拒絕履行其保證義務。如是，則保證公司之擔保權亦無法行使，債權人之債權難免淪為無任何擔保或保證之債權。一旦出現此種情況，債權人首先當然應與保證公司就保證契約之有效性（保證條件之滿足性）進行協商，惟有時亦會安排由保證公司以「事前求償權」作為被擔保債權而先實行其擔保權，再於所回收之範圍內承認保證債務，以解決問題。

2 從信用保證協會 之保證取得回收

(1) 信用保證協會保證之概要

信用保證協會係依特別法設立之法人，主要為中小企業向銀行或其他金融機構貸款時提供保證，以協助中小企業順利獲得融資（信用保證協會法1條）。銀行所為之放款業務中，有部分係由信用保證協會提供保證。

銀行與信用保證協會間之保證契約，通常係以信用保證協會所事先擬定之「約定書」範本作為其基本契約，再就各別之保證行為，由信用保證協會出具「信用保證書」，與該保證相關之契約，原則上均適用上述基本契約條款。

信用保證協會之保證契約與一般保證契約間，主要有以下不同：

① 對於透過信用保證協會保證所發放之貸款，銀行不得用於清償對該主債務人之既存債權之債務（借新還舊之限制）。

② 當銀行與主債務人協議變更清償條件時，應取得信用保證協會變更保證契約之書面同意。

③ 銀行於履行期屆至經90日後，始得對信用保證協會請求

履行保證債務。另外，關於遲延利息，信用保證協會得以履行期後 120 日部分作為其支付上限，且其利率應與放款利率相同。

④ 於履行期屆至經 2 年後，銀行即不得再對信用保證協會請求履行保證債務。

⑤ 於銀行有下列情形時：(i) 違反上述①之借新還舊限制時；(ii) 違反保證契約時；(iii) 因故意或重大過失，無法接受履行被保證債務之全部或一部時，信用保證協會得就該保證債務之全部或一部免除其責任。

(2) 自信用保證協會取得回收

當銀行已預見或認知到主債務人有難以履行債務之事實時，首先應儘快向信用保證協會發出信用惡化通知書通報該事實，並協商後續處理。

倘已開始展開債權回收工作者，銀行對信用保證協會保證債權所採之回收方法，應與對其他非信用保證債權相同。若有任何優先回收後者之債權之情形者，或將導致保證免責（前項⑤ (iii)），必須注意。

銀行必須於履行期屆至經 90 日（某些協會係 60 日）後，始得對信用保證協會請求履行保證債務。信用保證協會於收受請求後，對有無違反保證條件等進行審查，無特別問題者，即向銀行履行保證債務。

再者，於擔保不動產設定有最高限額抵押權之情形，將有因代位而須移轉登記給信用保證協會之必要。因此項移轉登記係以原債權確定登記爲必要，原則上銀行於請求履行保證債務前，須先確定最高限額抵押權之原債權（參照民法 398 條之 19、398 條之 20）。

第 **7** 章

從銀行交易相關資產
取得回收

當債權人係銀行等金融機構時，即便未設定任何法律上之擔保權，通常銀行就與銀行交易有相關之債務人資產，亦得於某程度上優先獲得回收。具體言之，例如有本行存款（本章1）、保管有託收票據（本章2）、向債務人銷售之投資信託（本章3）。當銀行營業端人員察覺到債務人信用惡化跡象時，便應先對債務人有無上述資產進行確認，評估其回收可能。反之，對於非銀行之債權人而言，當債務人與銀行間存在上述交易時，基本上便很難期待從這些資產獲得回收。

1 從本行存款取得回收

在銀行交易之相關資產中，以最簡單之抵銷方式即得就本行存款優先獲得回收。實質上，幾乎等同銀行已就該存款設定法律上擔保一般。故以下先就抵銷之一般性意義及其要件略作說明。

(1) 抵銷之意義

民法 505 條 1 項規定：「二人互負同種標的之債務，並均屆清償期者，各債務人皆得就其相當之金額行使抵銷而免除其債務。但依債務之性質不能抵銷者，不在此限。」簡言之，抵銷係一種依單方意思表示，對互負之債務進行等額清算之手段。

例如，銀行有 100 萬圓貸款債權，而債務人有 70 萬圓存款之情形，因銀行負有支付 70 萬圓存款之義務，於 70 萬圓之範圍內兩相抵銷後，銀行所負之存款支付債務將全數消滅，而貸款債權則將減至 30 萬圓。實質上，貸款即從存款中獲得回收。

圖表 7-1

(2) 抵銷之一般要件

a 互為同種類之債權

由行使抵銷權之一方來看，對相對人享有之債權稱「主動債權」，相對人所享有之債權則稱「被動債權」。以上述事例而言，銀行所享有之貸款債權即為主動債權，而客戶所享有之返還存款請求權即為被動債權（圖表 7-1）。

依民法 505 條 1 項規定，主動債權與被動債權必須為「同種標的」。例如，貸款債權與票據現物返還請求權之間即屬性質互異之債權，故不得主張抵銷。至於貸款債權與返還存款請求權間，因兩者同屬金錢債權，故無不得抵銷之問題。

b 雙方債務之清償期均已屆至

此外，雙方債務「均屆清償期」亦為要件之一。對於享有期限利益之債務人，原則上不得強制其履行尚未屆清償期之債務（第 4 章 1(1)）。惟當遭到債權人行使抵銷時，結果上亦等同於強制履行清償期前之債務。因此，為保護債務人之期限利益，應以清償期之屆至為要件。從擬以抵銷方式回收債權之銀行立場看，為了能合法行使抵銷，應有必要先使債務人所負之債務，達於清償期屆至之狀態。

相對之同種債權均屆清償期之狀態，又稱「抵銷適狀」。

c 抵銷之意思表示

當處於抵銷適狀時，在抵銷權人向相對人發出表示抵銷意思之通知（抵銷之意思表示）時，即生抵銷之效力（民法 506 條 1 項）。

(3) 存款抵銷中之主動債權

根據上述，茲就本行存款抵銷所涉及之相關問題，解說如下。

銀行享有主動債權之典型案例應屬貸款債權，包括貸款本金、未收利息及遲延利息。除證書貸款 [1] 外，票據貸款亦得抵銷（就法律上言，票據貸款中存在有票據債權及原因債權等二個債權，以票據債權作爲主動債權而行使抵銷者，因需提示票據之故，故通常多以原因債權之金錢消費借貸貸款債權作爲主動債權）。

如 (2)b 處所述，抵銷權之行使應以債務已屆清償期爲必要。一次性清償之貸款固不待言，於分期償還之貸款，以遲延履行部分之貸款債權作爲主動債權，而行使抵銷權亦屬可能。至於尚未屆期之貸款部分，如欲對其行使抵銷權，則應先使債務人喪失其期限利益始可。故如第 4 章所述，應先根據銀行交易約定書或個

---

[1] 「證書貸款」和「票據貸款」係日本銀行貸款實務上之分類，前者適用於 1 年期以上之長期貸款，須簽立借款契約；後者則以本票代替借款契約，多適用於 1 年以內之短期貸款。

人貸款規定等，決定債務人期限利益之喪失。

至於透支債權，當發生透支約定書所規定之即時支付義務（與銀行交易約定書中之期限利益喪失事由，具相同之內容）時，亦得以之抵銷。另外，透支債權倘因抵銷而減少者，債務人雖得就該部分繼續爲透支之使用，惟如係因抵銷而必須採取債權回收行動者，通常應併爲終止透支契約之意思表示。

除貸款債權外，貼現票據買回請求權或電子銀行未收手續費、證明書發行手續費等亦得爲主動債權（惟一般認爲非授信交易並非銀行交易約定書之適用範圍，故須注意其期限是否屆至）。

(4) 存款抵銷中之被動債權

a 返還存款請求權

在對本行存款行使抵銷之情形，被動債權是返還存款請求權。於普通存款或支票存款，該請求權係就各個帳戶而存在；於定期存款，則係就每筆存款而存在。

銀行實務上，雖依各分行而有不同之結算帳戶，惟自行使抵銷之觀點看，並無必要區別不同分行，倘屬同一金融機構內之貸款債權或存款者，即應認爲存在相對之主動債權與被動債權。因此，於擬以抵銷方式自本行存款回收債權之際，除本分行外，連同他分行之貸款及存款狀況亦應予以把握。

惟近年部分銀行爲客戶提供自動轉帳功能設定，可按客戶

事前提供之轉帳資料，一旦指定營業日屆至，即由客戶帳戶自動轉帳匯出款項。故有不少情況當銀行準備對客戶存款展開回收之際，始驚覺可供抵銷之存款已提前一步被轉出了（或即便發現亦已無法阻擋）。從而，在與信用已出現問題之客戶進行轉帳交易時，須留意避免此類情況發生。

b 清償期屆至之必要性

如 (2)b 處所述，根據民法規定，抵銷權之行使應以雙方債務「均屆清償期」為要件。故作為被動債權之存款，亦應達於清償期屆至而可隨時取款之狀態。

所謂活期存款，通常意味著存款人得隨時要求提領存款，故可認為隨時都處於清償期。至於定期存款，法律上銀行於屆期前並無接受提領之義務，屬享有期限利益之狀態。惟期限利益畢竟係為債務人利益而存在，故享有期限利益之債務人理應得拋棄該利益（民法 136 條 2 項）。而銀行交易約定書中通常亦會約定：「因期限之屆至、期限利益之喪失、買回債務之發生、求償債務之發生或其他事由而須對貴行履行債務時，就該債務與本人之存款或其他債權間，不問該債權之期限如何，貴行皆得隨時主張抵銷」。結果上，即便定期存款之期限尚未屆至，亦可供作抵銷。

從而，關於被動債權，清償期是否屆至通常不會成為問題（亦無需於抵銷通知中，特別聲明拋棄定期存款之期限利益）。

c 被動債權之特有問題

　　以支票存款作爲被動債權行使抵銷亦無不可。法律上，並不需先行終止支票結算交易契約再行使抵銷權，而倘因抵銷而發生餘額不足致票據無法結算者，亦不構成銀行方之債務不履行。此外，當未能完全抵銷而尚有支票存款餘額時，仍有可能發生支票取款之情況，但既已處於抵銷適狀而僅剩履行抵銷通知之情形，則將該應供作抵銷之金額，另轉立爲雜項存款而不進行票據結算，亦不能認爲係銀行方之債務不履行（最判昭和57年11月4日金法1021號75頁參照）。惟爲避免無謂爭執，或仍應盡早終止支票結算交易契約。

　　實務上較麻煩的是，禁止扣押之債權因轉帳入款而變成爲存款之情形。所謂禁止扣押債權，乃係基於各種政策上考慮而由法律明文禁止扣押之債權。例如，對雇主之薪資債權及離職津貼請求權之四分之三（民事執行法152條）、對政府之年金受給請求權（厚生年金保險法41條）、對地方政府之生活保護金受給權（生活保護法58條）、對地方政府之東日本大地震關聯捐贈金受給權（禁止扣押東日本大地震關聯捐贈金法）等。又根據民法510條規定，不得以禁止扣押債權爲被動債權而行使抵銷。惟禁止扣押債權一旦轉入帳戶而成爲存款型態，則將混入債務人之責任財產而難以識別，因該存款之提領請求權本身並非禁止扣押之債權，故法律上銀行應得以之爲被動債權而行使抵銷（最判平成10年2月20日金法1581號208頁）。故作爲銀行，對於禁

止扣押債權之資金所構成之存款，不應輕易接受當事人提領。惟如係屬年金或生活保護受給金之情形，畢竟其係維持存款人最低限度之生活所必須，故於下級法院審判實務中，於存款債權被扣押之情形，亦有根據債務人所提出之變更禁止扣押債權範圍聲請（民事執行法 153 條）而撤銷厚生年金等給付部分扣押命令之實例。因此，就禁止扣押債權之資金所構成之存款，於審酌禁止扣押債權之旨趣、性質、存款人之生活狀況等，基於保護存款人之觀點，不行使抵銷而准予其提領，亦有其一定之合理性。

凍結存款之適法性

若擬對本行存款以抵銷方式進行回收，當然需以存款之存在為前提。因此，當債務人信用惡化時，銀行自然想要暫時凍結債務人存款以拒絕其提領，確保其作為日後之償債財源。惟因存款人亦有提領存款之權利，銀行若無法律上之正當事由，擅自拒絕提領者，或亦須承擔債務不履行或侵權行為等民事責任。故於何種情況下，始能適法地凍結存款即成為問題。

首先，就定期存款而論，期限屆至前銀行本無接受中途解約之法律上義務，拒絕存款人提領並無問題（儘管銀行通常會接受中途解約，惟就法律上言，其實並無此義

務）。

　　相對於此，活期存款或已屆期之定期存款，原則上銀行應有接受存款人提領存款之法律上義務。惟如已處於抵銷適狀，本僅剩抵銷之意思表示而已，對作為存款人之債務人而言，若該存款果真被充當回收，亦屬情不得已。故若暫將該存款予以凍結後，再與作為債務人之存款人協商清償，亦屬合理。即便尚未構成抵銷適狀，只要係債權人可立即使其達於抵銷適狀者，亦同。故通說見解認為，如債務人有發生當然喪失事由或請求喪失事由者，銀行凍結存款而不接受提領者，並無法律上之責任（僅需發生請求喪失事由即可，不需現實上為請求喪失之通知）。然而，長時間凍結存款基本上並非合適，故於需要凍結存款之情形，亦應以一定合理期間為限。當與債務人間之清償協商已有一定進展後，即應將存款解凍。至若回收協商並無實質進展，則應考慮逕行以抵銷方式回收。

(5) 抵銷之通知

　　法律上並未針對抵銷之意思表示方法有明文規定，理論上以口頭方式告知亦無不可，但為保留證據，實務上通常均以附送達證明之存證信函方式為之。依法，應當表明就某債務與某某債務於若干金額內為抵銷。故於抵銷通知書中，一般均會載明：

主動債權及被動債權之發生原因及金額、就主動債權與被動債權於同等金額內予以抵銷之意旨、餘額及應立即支付之意旨等（圖表 7-2）。

圖表 7-2　格式：抵銷通知書範例

平成 24 年 6 月 6 日

抵銷通知書

致
地　　址
○○商事株式會社
代表取締役社長　　○○　　○○

地　　址
株式會社○○銀行
分行經理　　○○　　○○　　㊞

　　本行業已依銀行交易約定書之約旨，以本交易日為基準，對貴司之下列 1 貸款債權與本行對貴司所負下列 2 存款債務，於同等金額內予以抵銷，特此通知。抵銷完畢後，下列 1 貸款債權尚餘本金○圓，請貴公司連同約定之未付利息及遲延利息立即清償為荷。

記

1　貸款債權
　　平成 20 年 10 月 30 日證書貸款
　　本金餘額　　○圓
　　利息　　○圓（平成○年○月○日至平成○年○月○日止 年利率○ %）
　　遲延利息　　○圓（平成○年○月○日起 年利率 14%）
2　存款債務
　　(1) 支票存款（帳戶編號號 1234567）　　○圓
　　(2) 活期存款（帳戶編號 8901234）本金　　○圓
　　　　　　　　　　　　　　　　　利息　　○圓（年利率○ %，扣除就源扣繳所得稅 20% 後）

以　　上

關於抵銷，於抵銷之意思表示到達相對人時生其效力。存證信函未寄達者，必須以與喪失期限利益通知之相同方法爲意思表示，惟因抵銷之通知可溯及生效（民法 506 條 2 項），故於客戶請求提領存款之時，再對之爲抵銷之意思表示者亦無不可。

另外，在銀行交易約定書等中通常還會約定：「進行各種抵銷計算時，就債權債務之利息、折現費、遲延利息等應計算至計算實行日爲止，利率、費率悉按貴行規定辦理」，不論活期存款或定期存款，以計算實行日爲準按約定利率計算存款利息及貸款利息即可（被動債權爲定期存款者，究係應適用約定利率或提前解約利率，各家銀行或有不同）。

(6) 扣押存款與抵銷之實務對策

a 抵銷之擔保功能

就得以單方意思表示進行清算這一點上，抵銷對債權回收而言，乃極爲便利之制度。此外，相對於其他債權人享有優先效力這一點上，亦爲其另一特色。

當債務人信用惡化時，各債權人勢必競相搶先從債務人資產取得回收，故而對存款債權，其他債權人亦可能會聲請扣押（含假扣押及租稅滯納處分之扣押）。通常，當一項債權被扣押後，第三債務人（銀行）即不得再對債務人（存款人）進行清償，而扣押債權人則可直接向第三債務人收取，以清償自己之債權（民法 481 條、民事執行法 145 條、155 條參照）。由被動債權角度

看，抵銷亦等同於債務清償行為，一旦債權被扣押後，第三債務人自不應再行使抵銷，而應依扣押債權人之請求為清償。惟當第三債務人亦對債務者享有相對債權時，理應於債權扣押前亦對終將可以抵銷方式回收債權抱持期待。故為保護第三債務人此種期待，即便於債權扣押之後，於一定情形下，亦應承認第三債務人有行使抵銷之權利。

具體於哪些情況，應允許抵銷呢？

民法511條規定：「收受禁止支付命令之第三債務人，以其後所取得之債權所為之抵銷，不得對抗扣押債權人」。因此，當於收受扣押存款債權通知後，才通過貸款等所取得之債權，自不得以之為主動債權而行使抵銷。

惟根據民法511條反對解釋，倘主動債權乃係扣押前所取得者，則是否於不問主動及被動債權之清償期先後均得行使抵銷一事，過去曾有爭論。最高法院判例之立場亦有變化，惟依目前判例見解認為：「第三債務人，只要其債權非於扣押後所取得者，應認為不問主動及被動債權之清償期先後，倘已達抵銷適狀，亦得於扣押後以之為主動債權而行使抵銷」（最判昭和45年6月24日民集24卷6號587頁）。此立場，因對民法511條之反對解釋未加限制而廣泛承認第三債務人之抵銷權，故又被稱作「無限制說」。依此說，則作為收受扣押存款之銀行，於扣押前所取得之貸款或其他債權，即可優先於扣押債權人而以抵銷方式獲得回收。當然，前提是抵銷時須處於抵銷適狀，而銀行交易約定書等中，通常均會將（假）扣押裁定之作出約定為貸款債權期限利

益當然喪失事由之一，而根據前揭最判昭和 45 年 6 月 24 日之判例，此種約定亦屬有效。

另外，關於以扣押後始存入之存款為被動債權之抵銷，亦不成問題（因扣押之效力僅及於扣押裁定送達時之存款）。

如上所述，抵銷具有優先於其他債權人之強大效果，「從行使抵銷權之債權人立場觀之，於債務人資力不足之情況下，得就自己之債權確實並充分地受償一點，被動債權具有宛如擔保權一樣之功能」（前揭最大判昭和 45 年 6 月 24 日）。

b 存款被扣押時之實務對策

依據上述判例，當存款被扣押時，銀行僅須先將該時點之存款餘額轉換為雜項存款後，再另覓適當時機行使抵銷即可。惟若扣押債權人已因債權移轉命令（民事執行法 159 條）而取得存款債權，並將之與自己對銀行之債務抵銷者（移轉債權人之反向抵銷），則銀行可能因此而無法行使抵銷權，對原存款人之債權即無法回收。因此，當銀行於收受移轉命令時，仍應立即對原存款人行使抵銷為宜（債權移轉命令於送達第三債務者經 1 週後生效，存款債權將確定移轉至該移轉債權人）。

此外，於送達扣押命令之際，通常亦會附上對第三債務人之陳報催告書。所謂陳報催告，係指要求第三債務人應於扣押命令送達日起 2 週內回答下列事項之催告：①係爭扣押債權之存否及其種類和金額；②清償意思之有無及清償範圍或不擬清償之理由；③存在優先於扣押之權利人者（如質權等），其姓名、住址

圖表 7-3　格式　陳報催告書範例

案號：	平成○○年（○）第○○○號

陳報書

平成　　年　　月　　日

謹呈　　○○○○法院

　　　　第三債務人　地址
　　　　　　　　　　姓名或商號

印

　　　　　　　　　　TEL
　　　　　　　　　　（承辦人　　　　　）

謹陳述如下。

1. 係爭債權之存否	有　　　　　　　　　　無			
2. 扣押債權之種類及金額（金錢債權以外之債權者，其內容）	普通存款 ○○圓			
3. 清償意思之有無	有　　　　　　　　　　無			
4. 清償之範圍或不擬清償之理由	對債務人存在超過所扣押存款金額之相對債權，將來擬為抵銷。其時，將不為清償。			
5. 有優先於扣押債權之權利人者（如質權人）填寫欄	優先權利人之姓名、住址			
	優先權利之種類及範圍（金額）			
6. 其他扣押（滯納處分等之扣押）	執行法院等	債權人住址、姓名	扣押等送達日期	扣押等被執行範圍（金額）
	案號			
假扣押				
假處分				

或該權利之種類、優先範圍；④其他債權人之扣押、假扣押之有無等；⑤滯納處分扣押之有無等（民事執行法 147 條 1 項、民事執行規則 135 條 1 項）。

未於陳報催告之回答中表示抵銷之意思者，並不當然喪失抵銷權（最判昭和 55 年 5 月 12 日金法 931 號 31 頁），惟倘因故意或過失而不爲陳報或爲不實之陳報者，仍可能對扣押債權人有損害賠償責任（民事執行法 147 條 2 項），故而若擬行使抵銷而無向扣押債權人返還該存款之意思者，宜於回答中明確表達。

(7) 債務清理程序與抵銷之實務對策

a 債務清理程序中之抵銷

當債務人進入法定債務清理程序時（破產程序、民事再生程序、公司更生程序及特別清算程序），可謂係抵銷權最能發揮其威力之情況。例如，假設對破產債務人享有 100 萬圓貸款債權，該破產人亦有 70 萬圓存款，而預估破產分配比率爲 10% 之情形。若無抵銷，則銀行須依破產管理人之請求返還該存款，而最終能實現回收之金額應僅有 100 萬圓 ×10% ＝ 10 萬圓。惟若能行使抵銷，則銀行可自存款獲得 70 萬圓回收，最終可回收金額可望達 73 萬圓（70 萬圓＋ 30 萬圓 ×10%）（當然，嚴格說來二者分配比率會有若干差異）。從抵銷之擔保效力看，債務清理程序開始時，才正是其發揮擔保功能之情況。故原則上，於債務清理程序開始後，債權人亦應享有抵銷權。

惟另一方面，債務清理程序中，債權人平等亦爲一重要原

則。因此，如有造成債權人間明顯不平等之偏頗性抵銷者，不應承認其效力。在債務清理程序中，相關法令對於債權人抵銷權之行使設有若干限制性規定。

實際上，對存款進行抵銷之場合，所設想者幾乎均爲已進入債務清理程序之情況，當考慮以抵銷方式回收債權時，應先充分了解以下規定。

b 被動債權之負擔時期與抵銷限制

(a) 首先，依作爲被動債權之債務負擔時期不同，存在對抵銷之限制。根據破產法 71 條 1 項規定，在該當下列任一種情形時，債權人「不得行使抵銷」，已行使之抵銷亦屬無效（其他如民事再生法 93 條 1 項、公司更生法 49 條 1 項、公司法 517 條 1 項等相關債務清理程序中，亦有同樣規定）。

① 破產程序開始後，始對破產財團負擔之債務（1 款）。

② 陷於支付不能後，以契約負擔之債務乃係專供用於與破產債權相抵銷之目的，而與破產人簽訂處分破產人財產之契約，或簽訂承受對破產人負擔債務之人之債務之契約，而負擔對破產人之債務之情形，於簽訂該契約當時，已知悉支付不能之事實者（2 款）。

③ 停止支付後，始對破產人負擔之債務，而負擔時已知悉停止支付之事實者。但於該停止支付發生時，已陷於支付不能者，不在此限（3 款）。

④ 聲請開始破產程序後，始對破產者負擔之債務，而負擔

時已知悉破產程序開始之聲請事實者（4款）。

看似難以理解，但簡言之其主要內容乃：禁止對債務清理程序開始後，始負擔之債務進行抵銷（①）以及禁止對進入破產危機時期以後、破產程序開始前所負擔之債務進行抵銷（②③④）。因於債權之實質價值已降低之情況下所負擔之債務，若允許以抵銷方式回收其名義上之金額，應屬偏頗行為。惟對進入破產危機時期以後之債務負擔（②③④），倘若連不知債務人已陷於危機時期，而負擔之債務亦一併禁止其抵銷者，恐亦悖於債權人之通常期待，甚至有危及交易安全之虞，故禁止抵銷者，應以已知悉處於危機時期而負擔債務為限。

這些抵銷限制事由中，關於破產危機時期以後之債務負擔（②③④），根據破產法71條2項規定，該債務之負擔如係因：(i) 法定原因；(ii) 較知悉支付不能、停止支付或聲請開始破產程序更早以前所生之原因；(iii) 聲請開始破產程序前一年以前所生之原因者，則不受抵銷禁止之限制而得為抵銷（其他債務清理程序亦同）。(ii) 所稱「之前所生之原因」，應解為係對抵銷之期待具有直接且具體之根據者。相對於此，應特別注意就裁定開始債務清理程序後之債務負擔（①），並不承認此種例外。（請參考圖表 7-4、7-5）

(b) 將以上限制，具體適用於存款抵銷之情況，則將如下述。

例如，收到債務人之代理人律師所發出之受任通知書，內容稱已預定於近期內聲請開始債務清理程序。倘可依此通知內容而

圖表 7-4 　破產法中禁止抵銷之條文構造

	裁定破產程序開始後	破產危機時期以後
債務負擔	71 條 1 項 1 款	71 條 1 項 2 款、3 款、4 款
		（排除限制）71 條 2 項
債權取得	72 條 1 項 1 款	72 條 1 項 2 款、3 款、4 款
		（排除限制）72 條 2 項

圖表 7-5 　破產程序中存款之存入時期與抵銷之限制

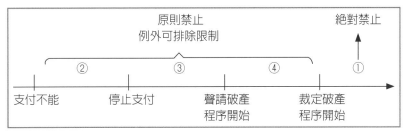

認為構成「停止支付」者，則對收受通知後始存入帳戶之存款，原則上應禁止以其為被動債權之抵銷（③）。

　　若係因(ii)所稱之「之前所生之原因」而存入者，雖可抵銷，但應以對該抵銷之期待有具直接且具體之根據者為限。若僅係事先簽訂了活期存款契約或支票結算交易契約，則其對抵銷之期待尚屬間接或抽象之程度而已，應不符合「之前所生之原因」(ii)要件（最判昭和 60 年 2 月 26 日金法 1094 號 38 頁）。但如係根據事先簽訂之匯款指定契約，於破產危機以後、裁定開始破產程序前存入之款項者，則因銀行簽訂匯款指定契約乃係作為一種確保回收之手段，且因款項存入而發生抵銷適狀之蓋然性亦高，故應認為符合「之前所生之原因」(ii) 所負擔之債務，而容許其抵銷（名古屋高判昭和 58 年 3 月 31 日判時 1077 號 79 頁）。不過，

即使同樣以匯款指定契約作爲依據，惟如係裁定開始破產程序後始存入者（①），則仍無法排除抵銷禁止之限制。

即便進入停止支付等破產危機時期之後，但若因某種原因致債務人遲遲未聲請債務清理程序，而款項存入後至聲請開始破產程序之期間超過 1 年者，亦得行使抵銷 (iii)。

再者，債務人債務清理程序開始後，擬行使抵銷者，就可供抵銷之存款利息應計算至何時爲止，未必明確。法律上，似乎應認爲至少裁定開始破產程序後所發生之存款利息，乃屬破產程序開始後，始對破產財團所負擔之債務（①），故不得行使抵銷，惟實務上亦有將存款利息計算至抵銷時爲止之實例。

c 主動債權之取得時期與抵銷限制

(a) 接著，依主動債權之取得時期不同，亦有抵銷上之限制。根據破產法 72 條 1 項規定，該當於下列任一種情形時「不得抵銷」（其他如民事再生法 93 條之 2 第 1 項、公司更生法 49 條之 2 第 1 項、公司法 518 條 1 項等相關債務清理程序中，亦有同樣之規定）。

① 在破產程序開始後，始取得他人之破產債權者（1 款）。

② 在陷於支付不能後，始取得破產債權，而取得當時已知悉支付不能之事實者（2 款）。

③ 在停止支付後，始取得破產債權，而取得當時已知悉停止支付之事實者。但該停止支付當時並未陷於支付不能者，不在此限（3 款）。

④ 在聲請開始破產程序後，始取得破產債權，而取得當時
已知悉聲請開始破產程序之事實者（4 款）。

要言之，與依被動債權負擔時期之抵銷限制相同，上述規
定主要係禁止就債務清理程序開始後，始取得之債權進行抵銷
（①），並禁止就破產危機時期以後、破產程序開始前所取得之
債權進行抵銷（②③④）。若允許此種時期內所取得之債權行使
抵銷，亦屬偏頗行為。然而，關於破產危機時期以後所取得之債
權（②③④），根據破產法 72 條 2 項規定，如該債權之取得乃
係基於：(i) 法定原因；(ii) 較知悉支付不能、停止支付或聲請開
始破產程序時更早之前所生之原因；(iii) 聲請開始破產程序時一
年以前所生之原因；(iv) 對債務人負擔債務之人與債務人間之契
約者，得排除抵銷禁止之限制而得為抵銷（其他債務清理程序亦
同）。至於裁定開始債務清理產程序後所取得之債權（①），不
適用此例外規定（請參照圖表 7-4）。

(b) 不過，於銀行實務上，因破產危機後所為之放款甚少，
此種限制規定實際成為問題之案例並不多見。雖未有明文禁止規
定，實務上較為重要者，無寧係不得以裁定開始破產程序後（含
裁定日）之利息、遲延利息作為主動債權而行使抵銷一事。就破
產程序而言，裁定開始破產程序後之利息、遲延利息乃屬劣後之
破產債權（破產法 99 條 1 項 1 款、97 條 2 款），而通常認為不
得以劣後之破產債權作為主動債權而行使抵銷。因此，於破產程
序開始後行使抵銷者，應以裁定開始破產程序前之貸款本金、利
息及遲延利息行使抵銷。

d 抵銷時期之限制

於債務清理程序中，對於行使抵銷之時期存在一些限制，須充分注意。

首先，於民事再生或公司更生程序中，確定積極財產及消極財產之規模，乃係擬定再生計畫或更生計畫之前提。故債權人得行使抵銷之場合應僅限於債權申報期間屆滿前已達抵銷適狀，並已於債權申報期間內為意思表示之情形（民事再生法92條、公司更生法48條）。

另一方面，在破產程序中，並未對行使抵銷之時期有明確限制。惟於個人破產之情形，通常於裁定破產程序終結後即進入免責程序，而一旦得到法院免責許可裁定，即得免除破產債權之責任。有時，會於銀行行使抵銷前，因同時終止或異時終止而在尚餘少額存款之情況下，終結破產程序，甚至作出免責許可裁定。此時，於免責許可裁定後，得否以被免責之破產債權作為主動債權而行使抵銷或有爭議，有實務見解認為：因短期間內完成免責許可裁定而剝奪債權人之抵銷權似嫌過苛，倘本來於破產程序內不抵觸抵銷禁止規定而得以抵銷之範圍內，法律上亦應允許其於免責許可裁定後行使抵銷（名古屋地判平成17年5月27日判タ1203號295頁。惟破產程序已終結，抵銷通知或許應對債務人為之）。但為免與認為自己已免除一切責任之債務人間發生無謂爭執，仍應於核實交易情況並確定債權回收方針後，儘速於破產程序終結前行使抵銷為宜。

2 從託收票據取得回收

　　除存款外，被銀行優先視爲具回收可能之資產係託收票據。亦即，受債務人委任取款或請求貼現而受領有票據者，遇債務人信用惡化時，於收款日收取款項後，不需交還該託收款，而得逕以之充抵貸款回收。作爲金融機關，係一簡便且能優先實現債權回收之手段。

(1) 裁定開始債務清理程序前取款日已屆至者

　　在債務人尙未收受開始債務清理程序（破產程序、民事再生程序、公司更生程序等）裁定之階段，託收票據之期日已先行屆至者，金融機構得於取款後就託收款之交付債務與貸款請求權進行抵銷以回收其債權。倘若取款完畢而負擔交付託收款債務之時間係居於支付不能、停止支付或聲請開始債務清理程序後之情形，雖看似牴觸破產法中之抵銷禁止規定（本章 1(7)b 之②③④參照），惟若係於破產危機時期前接受票據之託收委任者，則因票據之託收委任該當於破產危機時期「之前所生之原因」而得解爲可不受抵銷禁止之限制（本章 1(7)b 之 (ii)），因而金融機關亦得爲有效之抵銷。

(2) 裁定開始破產程序後取款日始屆至者

相對於此，於裁定開始破產程序後，取款期日始屆至之情形，則略為複雜。

第一，在債務清理程序開始之後、取款期日之前，當破產管理人或再生債務人請求返還票據時，能否拒絕返還而繼續占有該票據及至取款期日或有疑義。

第二，即便可拒絕返還票據，惟取款期日屆至時，得否收取該票據之款項，並優先就該款項獲得清償，又為另一問題。與上述 (1) 的案例不同處在於，正如前述，以裁定開始債務清理程序後所負擔之債務作為被動債權之抵銷（本章 1(7)b 之①），不得適用相關抵銷禁止之排除規定（本章 1(7)b 參照），無法根據「之前所生之原因」而正當化。

以下將按照不同種類之債務清理程序，檢討其可否行使抵銷權。

a 裁定開始破產程序後之取款存入

若債務人所涉及之債務清理程序係破產程序，則伴隨開始破產程序之裁定，票據之託收委任契約本身雖當然隨之終止（民法 653 條 2 款）。惟銀行仍得就票據主張成立商事留置權，拒絕破產管理人之返還票據請求。所謂商事留置權，乃指因當事人雙方之商事行為所生之債務在未獲清償前，債權人因商事行為而占有債務人之所有物或有價證券者，得予留置（無庸返還）之權利（商法 521 條）。

而於破產程序中，商事留置權被賦予作為一種「特別先取特權」之優先受償權（破產法 66 條）。一旦票據取款期日屆至後，金融機構即得根據與債務人間之銀行交易約定書中之充抵清償條款，於收取該票據之款項後充抵債務清償（最判平成 10 年 7 月 14 日民集 52 卷 5 號 1261 頁）。故結論上，即便於裁定開始破產程序後始收取存入之款項，通常亦可由銀行優先實現回收。

銀行交易約定書中之充抵清償條款

一般銀行交易約定書中，通常有如下內容之條款：當債務人未履行其對銀行之債務時，銀行就擔保物及所占有之債務人動產、票據或其他有價證券，得不經法定程序而逕依一般認為適當之方法、時期、價格，於收取或處分後，將所得金額扣除各種費用後，不按法定順序而逕將其充抵債務人債務之清償。根據此條款，通常認為銀行於裁定開始債務之破產程序後，亦得收取票據金額並以該款項供清償。

惟銀行交易約定書之內容或因簽訂時期或銀行不同而有差異，或隨客戶不同而修改其內容。在展開債權回收行動之際，尚須對與債務人所簽訂之具體內容詳為確認。

b 裁定開始民事再生程序後之取款存入

債務人所涉及之債務清理程序如係民事再生程序，則與破產程序之情形相同，同樣可根據商事留置權拒絕返還票據。

另一方面，就銀行得否就託收款優先獲得清償一點，一向存在爭論。亦即，民事再生法與破產程序有異，並未明文賦予商事留置權作為「特別先取特權」而得優先受償，銀行得否就票據優先受償於法律上之根據有所欠缺，似乎亦無法僅憑銀行交易約定書之充抵清償條款，即認為銀行得以託收款充抵清償。

下級法院就此有不同見解，惟近年最高法院之見解認為：就託收本票享有商事留置權之銀行，對於該票據所收取之款項亦同樣得留置；且銀行交易約定書之抵充清償條款作為附隨於別除權行使之合意，於民事再生法上亦應認為有效。故對託收本票享有商事留置權之銀行，於委任之公司開始民事再生程序後，銀行始取得之託收款，應得根據銀行交易約定，而將其抵充作為同公司債務之清償（最判平成23年12月15日民集65卷9號3511頁）。確實，民事再生程序中雖未賦予商事留置權作為「特別先取特權」。但只要留置託收款，一方面再生債務人即無法將其作為再生計畫之償債財源或再生債務人之事業資金，且當留置物係金錢時，再生債務人方亦無清償被擔保債權以取回留置物之動機，故承認銀行得以之充抵清償應無不妥。

故結論上，裁定開始民事再生程序後，就所取得之託收款，銀行應得依據抵充清償條款優先獲得回收。

信用金庫之情形

　　本章所述大部分內容，基本上亦適用於與銀行同為金融機構之信用金庫所從事之回收活動。惟就債務清理程序開始後所取得存入款項，存在一定問題。因信用金庫所營業務並非營利性質，信用金庫不屬於商法上之商人，信用金庫由債務人取得之票據，無法成立商事留置權（商法 521 條）而僅能成立民事留置權（民法 295 條）。而破產法及民事再生法並不承認民事留置權作為「特別先取特權」，其亦不屬於別除權（破產法 66 條、民事再生法 53 條 1 項）。根據前揭最判平成 23 年 12 月 15 日之實務見解，固得將銀行交易約定書之充抵清償條款，視為附隨於別除權行使之合意，而於民事再生法上亦為有效。惟連別除權都不具備之信用金庫票據，即便信用金庫交易約定中亦有類似充抵清償條款，就債務清理程序開始後始取得存入之款項，仍可能無法得到回收。僅因其為信用金庫即否定其優先回收之權利固不合理，惟究應當根據何種理由予以正當化，今後仍有待研究。

c 其他債務清理程序開始裁定後之託收款取得

債務人所涉及之債務清理程序若爲特別清算程序者，基本上亦可根據商事留置權拒絕於託收取款日前返還票據，而於嗣後行使抵銷或根據充抵清償條款由所收取之託收款獲得回收。

另一方面，若債務人所涉及之債務清理程序係公司更生程序者，情況如何？公司更生程序與破產程序或民事再生程序不同，原則上禁止實行擔保權（公司更生法 50 條），銀行當無法根據抵充清償條款而於公司更生程序之外，任意將所收取之款項充抵債權回收。惟因商事留置權於公司更生程序中，被視爲一種更生擔保權（同法 2 條 10 項），結果上應認爲係一種得於更生計畫中優先獲得分配之權利。

3

從投資信託取得回收

近年來,對銀行窗口所銷售之證券投資信託,該銀行是否享有優先回收權一事頗受議論。作為金融管制大鬆綁的一部分,自1998 年 12 月解禁以來,銀行窗口所銷售之投資信託持續增加,占投資信託總量已達 5 成以上,其作為債權回收之對象資產之重要性亦越形重要。以下僅就其概要進行介紹。

(1) 投資信託之契約關係

所謂投資信託,係指根據投資信託法所成立之信託。所謂證券投資信託,則係指依委託人之指示而將信託財產主要運用於投資有價證券之投資信託。

證券投資信託契約關係中之當事人有:委託人、受益人、受託人及銷售公司。首先,由作為委託人之委託業者與作為受託人之信託銀行間先簽訂投資信託契約,信託銀行則遵從委託業者指示將受其委託之資金運用於有價證券投資,並將信託受益權銷售予投資人。信託受益權之銷售,通常係由作為註冊金融機構之銀行,以銷售公司之身分為之。投資人則於購買信託受益權之後成為受益人,除享有利益分配請求權外,尚享有一部解約請求權及收買請求權等權利。

委託人與銷售銀行間，簽訂有募集銷售委託契約。銷售銀行除負責銷售受益權外，亦負責受理受益人一部解約請求及對委託人之報告，並於收取委託人所支付之解約金後轉付給受益人。此外，銷售銀行與受益人間簽訂有基於投資信託交易約款之購買契約。當各種契約因解除投資信託而需退款時，受益人應通知銷售銀行，而銷售銀行則應於收到該通知時，向委託人轉達解約請求並將解約金匯入受益人存款帳戶。

(2) 投資信託劃撥制度

關於銷售銀行所銷售之信託受益權，過去曾發行過受益證券，通常交由銷售銀行保管。惟自 2007 年 1 月 4 日起實施公司債劃撥法後，即不再發行受益證券，而僅將受益權記載於銷售銀行所管理之劃撥帳簿上。

(3) 自投資信託取得回收之方法

如上所述，於證券投資信託中，銀行須負責收取委託人所支付之解約金並轉付給受益人。因此，當作為債務人之受益人發生信用惡化情事時，即有必要考慮是否得將此種解約金抵充作為貸款回收。

首先，與託收票據回收之情況相同，可考慮根據銀行交易約定書之抵充清償條款（本章 2(2) 參照），就所占有之債務人有價證券投資信託，以解約方式予以處分並充抵貸款清償。惟如前所述，由於投資信託並未發行實體受益證券，能否僅憑劃撥帳簿

上之記載即認為係銀行所占有（或準占有）恐有疑問。亦即，非但銀行交易約定書抵充清償條款中之「占有」可能無法成立，且於債務清理程序中，商事留置權作為可依據抵充清償條款，進行回收之實質性根據；作為其成立要件之「占有」，亦可能無法成立（若僅為非商人之個人債務人或連帶保證人，則根本無法成立商事留置權）。

此外，尚可考慮根據債權人代位權（當債務人無資力時，債權人得代債務人行使債務人權利。民法 423 條）以代位方式行使受益人之解約權，使發生解約金，再將貸款與解約金返還債務進行抵銷。惟當債務人進入法定債務清理程序時，有無牴觸抵銷禁止（本章 1(7)b）規定，可能成為問題。

即便於投資信託劃撥制度下，仍可解釋成銀行對投資信託得成立準占有（大阪地判平成 23 年 1 月 28 日金法 1923 號 108 頁參照），惟此種情形畢竟非銀行交易約定書或商法原本設想之場面，故容有商榷餘地。另方面，就債權人行使代位權而解約一事，雖如前述有違反抵銷禁止規定疑慮，惟仍可作出如下主張：①於證券投資信託，銀行本即負有以交付解約金為停止條件之解約金返還債務（最判平成 18 年 12 月 14 日民集 60 卷 10 號 3914 頁），即便於破產危機時期以後始交付解約金而停止條件成就者，亦應容許行使抵銷（破產法 67 條 2 項參照）；②如上所述，有鑑於結構上本須透過銷售銀行將解約金給交付給受益人，故銀行就其所管理之投資信託，可謂處於可期待隨時以解約金進行抵銷之立場。基於這種結構所負擔之解約金返還債務，應認為係基

於「之前所生之原因」（本章 1(7)b 之 (ii)）而得排除抵銷禁止之限制（名古屋高判平成 24 年 1 月 31 日金法 1941 號 133 頁參照）。

目前，下級法院就關於破產程序及民事再生程序中，銀行有優先回收權利之肯定性判決正陸續出現，今後尚待最高法院作出統一見解。惟無論如何，作為銀行仍應積極自投資信託取得回收。另外，於裁定開始債務清理程序以後，債權人即不得行使代位權（破產法 45 條等），而開始裁定後始入款之解約金，因非屬「之前所生之原因」而無法行使抵銷（本章 1(7)b 參照），且若債務人請求劃撥至其他金融機構，則解約金恐亦不會匯入銷售銀行帳戶，故當債務人信用惡化已相當明顯時，有必要儘速展開回收行動。

以上所述，乃係關於銀行所銷售之投資信託。惟近年來以銀行窗口所銷售之產品已不限於投資信託，亦及於保險產品等。關於保險契約，若解約後之解約返還金亦存入銷售銀行之存款帳戶中者，亦應可作相同解釋。惟截至目前為止，關於保險契約似乎尚未出現同樣承認抵銷之實務案例，值得今後繼續關注。

第 **8** 章　對其他資產之追償

1 假扣押及查封扣押

案例

自擔保物件以外之資產取得回收

　　債務人 A 公司，自半年前已處於實質歇業狀態，並已持續拖欠債款達 3 個月。雖尚能與 A 公司社長取得聯繫，惟其始終迴避就債務清償進行正面交涉。A 公司尚有未設定擔保之不動產、銀行存款及存貨若干，試問能否由該些資產取得回收？

　　於有設定正式擔保權之情形，不待提起訴訟即可透過實行擔保權，由擔保物件優先獲得清償。惟如上述案例之無擔保權或擔保不足之情形，通常需先向法院起訴取得確定判決後，始得強制實現清償。

　　如圖表 8-1 所示，需經過：①假扣押；②取得執行名義；③查封扣押、拍賣等一連串程序，以實現債權回收。以下依序說明①至③各程序之詳細內容。

圖表 8-1

(1) 假扣押

a 假扣押之意義

即便債權人對債務人享有如貸款債權等實體上權利，通常亦無法立即對債務人財產進行強制性債權回收。於進行強制性回收前，必須先取得確定判決等執行名義。惟取得執行名義通常需較長時間。在此之前，爲避免債務人擅自轉讓財產給第三人、設定擔保或隱匿財產，有必要對其採取一定之制止行動。

爲便於債權人於日後可進行強制性債權回收，法律上規定了假扣押程序，可暫時維持債務人財產現狀，避免債務人財產逸失（民事保全法 20 條等）。雖非爲日後實施強制執行所必要之程序，但於取得執行名義前，應衡量債務人財產種類、債務人之動向及成本效益等諸因素，以判斷有無聲請假扣押之必要。

基 本 用 語 解 說

假處分

　　保全處分中，除本文所介紹之「假扣押」外，尚有「假處分」，二者有所區別。民事保全法中所規定之「假處分」分爲：①係爭物假處分（同法 23 條 1 項）及②定暫時狀態假處分（同條 2 項）二種。

　　①之係爭物假處分，係指爲保全金錢債權以外權利之執行，法院所爲暫時性固定現狀之處分。就保全將來執行上，雖與假扣押同，惟其所欲保全之權利並非金錢債權。與債權回收相關者，例如：當對擔保物發生有擅自拆除抵押建物或不法砍伐抵押山林等侵害行爲時，爲排除侵害行爲，以維持擔保價值之假處分；或於發生詐害行爲時，以行使詐害行爲撤銷權爲前提，禁止進一步處分逸出財產之假處分。

　　②之定暫時狀態假處分，則係指就某權利爲保護債權人免於發生現實損害，而由法院對權利關係加以暫時性限制之處分。非如假扣押係以保全將來執行爲目的，而係就某權利關係所生現在之爭執，於該爭執獲得解決前，有必要暫時維持現狀時所採用。

b 假扣押之聲請要件

聲請假扣押，應向管轄法院（本案管轄法院或應假扣押物所在地地方法院。民事保全法 12 條）提出記載所定事項之聲請書及檢附資料。聲請書中，除需敘明聲請旨趣之外，尚應釋明：①被保全之權利（應保全之權利或權利關係）及②保全之必要性（同法 13 條）。

(a) 被保全之權利

假扣押，原係爲保全日後金錢債權之強制執行，故以享有金錢債權或得變換爲金錢債權之請求權爲必要（民事保全法 20 條 1 項前段）。債權人如係金融機構者，例如證書貸款或票據貸款所生之貸款債權，或票據貼現所生之票據債權等。如爲實業型公司，則例如應收帳款等。

(b) 保全之必要性

僅單純享有上述金錢債權，無法聲請假扣押，尚應以非依假扣押進行保全恐有將來不能強制執行或有顯著困難爲必要（民事保全法 20 條 1 項後段）。

例如，因債務人出讓（出賣、贈與等）或隱匿財產致責任財產有流失之虞或僅爲特定債權人提供擔保之情形等屬之。此外，即便非以不相當之低價出讓財產，但如係將較易執行之不動產或債權轉換爲金錢（現金），則因責任財產之所在將變得不易掌握，亦更容易被消費掉，一般亦應認爲屬致執行發生困難之情形。

關於保全之必要性，除上述資產流出之面向外，究應以何項資產作為假扣押對象亦成為問題。對於債務人所有之自宅或自己公司之不動產，通常於實施假扣押之後仍可繼續使用，對債務人所造成之不利益較為輕微。因此，實務上當債權人向法院提供債務人自宅或自己公司之不動產登記簿謄本時，假若該不動產確屬債務人所有且具有擔保價值（即無超額貸款），就保全必要性觀點言，即應優先查封該不動產，而不應准許對其他資產實施假扣押。

C 提供擔保

(a) 擔保之意義

聲請假扣押時，法院將於審理被保全權利之存在及保全必要性後判斷是否准許為假扣押。而法院於裁定命為假扣押之際，得要求提供擔保或於相當期間內提供擔保以作為實施保全執行之條件（民事保全法 14 條 1 項）。

此項擔保，係為萬一將來因保全執行違法或不當致生損害於債務人時，提供賠償之用。實務上，除極少數例外，幾乎均會要求事先提供擔保後，再為假扣押裁定。

(b) 擔保金額

擔保金額，基本上係以可能對債務人造成之損害作為其預定額，但通常係由法院審酌案件具體情況後決定適當金額。

一般而言，法院會審酌：保全命令種類與態樣、被保全權利內容與價額、標的物種類與價額等；再考慮被保全權利性質及債

務人職業、財產、信用狀況等;並進一步考慮釋明程度(釋明資料可信度等)等情事。

畢竟法院係依個案具體情況進行判斷,擔保額計算標準亦未被正式公開,惟就貸款或票據款、買賣價金等案件,一般大致係參照如圖表 8-2 所示之標準。

(c) 擔保之提供方法

有關擔保提供,一般多以提存方式為之。由債權人將現金或法院認為價值相當之有價證券提存於法院所在地之提存所(民事保全法 4 條 1 項)。

此外,如能獲得法院之許可,亦可以透過與銀行簽訂委託保證付款契約方式提供擔保(同法 4 條、民事保全規則 2 條)。

當債權人獲得本案訴訟之全部勝訴判決確定後或於取得債務人同意時(如因成立訴訟上和解而取得同意等情形),得依照擔保撤銷程序取回擔保金。

圖表 8-2　假扣押擔保金標準　　　　　　　　　　　　(單位:%)

標的物 被保全債權	動產	不動產	債權		
			存款 薪資	押租金、 保證金 提存金	其他
票據款	10-25	10-20	10-25	10-20	10-25
貸款、租金 買賣價金 其他	10-30	10-25	10-30	10-25	10-30

出處:司法研修所,改訂民事保全(補正版),28 頁。

d 假扣押之裁定

法院於審理後，認為符合假扣押要件並經提供必要之擔保後，將裁定為假扣押。

對於假扣押之裁定，有令當事人確實知悉之必要，應送達當事人（民事保全法17條）。

假扣押裁定內，亦應記載債務人得於提存所定金額後免為假扣押之執行（同法22條1項）。此項應提存之金額俗稱「反擔保」。假扣押之反擔保金額，原則上以標的物之價值為其標準，惟當被擔保債權額低於標的物價值時，即應以被擔保債權額為標準。

e 假扣押之執行

民事保全法，將民事保全程序分為：①保全裁定程序；及②保全執行程序（同法2條）。分別予以規定。假扣押亦同樣分為：①假扣押裁定程序；及②假扣押執行程序。及至上述d（假扣押之裁定）為止部分即屬於①之程序，本項e（假扣押之執行）則屬於②之程序。

(a) 執行機關

假扣押之執行機關與強制執行相同，均為法院或執行官（民事保全法2條2項）。一般而言，視執行態樣而定，法律判斷較多者由法院擔任，事實要素較多者則由執行官擔任。

(b) 執行期間

保全執行，於保全裁定送達於債權人之日起經2週後即不得

圖表 8-3　假扣押之執行方法

財產種類	執行機關	假扣押之執行方法
不動產	法院	原則上，為假扣押之登記
動產	執行官	由執行官對標的物實施占有
債權、其他財產權	法院	對第三債務人送達假扣押命令

再爲執行（民事保全法 43 條 2 項）。保全裁定乃係基於緊急必要性所爲，且保全裁定之當否及擔保金額等係根據裁定當時標準所定，一旦相當時日經過後，即可能變成不當執行。

(c) 執行方法

假扣押之執行方法，按照財產種類不同，其大概如圖表 8-3 所示。

f　假扣押之效力

假扣押，於依上列 e 所述執行方法執行完假扣押裁定時生其效力。例如，對不動產實施之假扣押，於完成假扣押登記後生其效力。

假扣押生效後，債務人違反假扣押裁定擅自爲處分行爲者，不得以之對抗假扣押債權人，一旦債權人於日後取得執行名義而強制執行（本執行）時，違反該假扣押裁定之處分行爲將全數歸於無效。

就債務人無法處分（出售等）自己資產一點，假扣押和本執行之查封扣押同，與本執行之查封扣押相異者，乃在於假扣押僅發生上述禁止處分效力，但不及於其後之換價程序（須另經強制

執行程序）。

此外，假扣押與本執行之查封扣押共通之留意點尚有：①當有多數債權人聲請（假）扣押時，各個債權人僅能按其債權額所占比例金額獲得清償；②當債務人進入破產等法定債務清理程序後，（假）扣押應失其效力。

(2) 執行名義之取得

假扣押程序終結後，債權人可考慮是否依強制執行程序實現其債權之回收，惟為了強制執行，債權人應先取得執行名義。所謂執行名義，乃一種由法院等國家機關，就債權人對債務人享有債權一事（債權存在）予以證明之文書。

a 執行名義種類

執行名義，主要有以下數種（民事執行法22條）。

【主要執行名義之種類】

① 確定判決（已確定之勝訴判決）。

②（得假執行之）支付命令（依民事訴訟法之督促程序）。

③ 和解筆錄、調解筆錄（依訴訟上之和解、調解確認債權者）。

④ 公證書（如借款契約經公證並載明願受強制執行文句者）。

b 執行名義之取得

在向法院提起訴訟時，可按被告之態度、債權種類、債權金額等而考慮採用不同之法院或訴訟制度。

主要之訴訟程序有：支付命令、通常訴訟程序、小額訴訟、票據訴訟或民事調解等。實務上，最常被採用者是支付命令和通常訴訟程序，進一步說明如下。

(a) 支付命令

支付命令，係一種簡便、迅速且低廉之特別訴訟程序。

支付命令，應向債務人住所地管轄簡易法院以郵寄或親洽之方式聲請。法院書記官憑債權人聲請文件即得向債務人送達支付命令，並不需債權人本人出庭。

債務人一旦對支付命令聲明異議，即自動轉換成通常訴訟程序；惟若債務人未聲明異議者，即得因法院書記官宣告假執行而使支付命令具執行力，可以此種得假執行之支付命令為執行名義聲請強制執行。

惟以下幾點仍需注意。當債務人下落不明或於國內無居所、工作場所等可供送達之情形，不得聲請支付命令。另外，若因債務人聲明異議而轉成通常訴訟程序，則因多進行了支付命令程序之故，取得執行名義反而更花時間。再者，因聲明異議而轉換成通常訴訟程序後，因改由債務人住所地法院管轄，若債務人所在地太過遙遠，則交通及出差等所需之律師費反而更高，訴訟進行需支出更多勞費（倘最初不聲請支付命令而直接進入通常訴

訟程序，或可逕向如東京地方法院般較便捷之法院起訴）。即便對債務無甚爭執之案件，通常債務人仍多先聲明異議，因此輕易採用支付命令程序而後又轉成通常訴訟程序，有時反而造成更大負擔，值得注意。

(b) 通常訴訟程序

當無法或不適合利用支付命令等簡易程序時，即須提起通常民事訴訟。此時，應當對：①土地管轄（應至何地法院起訴？）②事務管轄（最初應起訴法院係地方法院或簡易法院？）進行確認。

關於①之土地管轄，原則上屬被告（債務人）住所地法院管轄（民事訴訟法 4 條 1 項，普通審判籍）。其他，作為財產訴訟之特別規定，義務履行地、票據案件之票據付款地法院等亦有土地管轄權（同法 5 條 1 款、2 款，特別審判籍）。

實務上，在契約書或銀行交易約定書中，多半都會規定以債權人總公司（總行）所在地為合意管轄法院，即以合意方式約定土地管轄（同法 11 條，合意管轄）。

至於②之事務管轄，原則上請求金額超過 140 萬圓者由地方法院管轄，而 140 萬圓以下者由簡易法院管轄。

c 債權人怠於取得執行名義之後果

假扣押，原係因不及取得確定判決等執行名義而發動之程序，以嗣後將提起訴訟程序為前提（其後所提起之訴訟稱「本案訴訟」）。當債權人怠於履行假扣押後之訴訟程序時，受假扣押

之債務人得請求債權人提起本案之訴（起訴命令之聲請），若於收到起訴命令後未於所定期間內提起本案訴訟者，假扣押將被撤銷（民事保全法 37 條 1 項至 3 項）。

(3) 強制執行（查封扣押、強制拍賣等）

a 強制執行之意義

強制執行，係指當債務人無法清償債務時，依債權人之聲請由國家機關（法院、執行官）對債務人財產實施強制性處分（如拍賣），以所得價金供債權人回收其債權之法律程序。

b 強制執行之要件

聲請強制執行，原則上應滿足以下三個要件：①取得執行名義；②賦予執行文；③檢附送達證明書。

關於②之執行文，係指對執行名義上所記載之請求權，得對特定債務人執行一事進行確認之文字。由債權人向法院書記官或公證人聲請，以附記於確定判決或公證書等執行名義之文書正本末端方式賦予之（民事執行法 26 條）。

保全執行（假扣押、假處分之執行），原則上並不需執行文賦予（民事保全法 43 條 1 項本文）。保全裁定，因其告知而生執行力，又因具有緊急性而規定有 2 週之執行期間，故對於其現實存在執行力一事，尚無需藉執行文加以認證。

關於③之送達證明書，係執行名義已送達於債務人之證

書，應向法院或公證處申請發給並檢附於聲請書（民事執行法29條）。

C 強制執行之對象財產

當債務人之財產被扣押後，債務人即無法處分該財產（出賣等），將由法院依財產之種類實施大致如圖表 8-4 所示之「查封扣押」及「換價」程序，以強制拍賣等方式進行換價並充抵回收。

成為強制執行對象之財產，大致可區分為圖表 8-4 所示三種。

金錢債權之強制執行，除不動產強制管理外，皆須經：①債權人提出聲請→②查封扣押→③強制換價→④分配（滿足）等共通流程。

圖表 8-4　強制執行財產種類

財產種類	查封扣押程序	換價方法
不動產	查封登記	由法院拍賣
動產	由執行官占有或為查封之標示	由法院拍賣
債權	對第三債務人送達扣押命令	由扣押債權人直接向第三債務人收取或移轉命令

基本用語解說

> ## 移轉命令
>
> 　　移轉命令，為債權扣押程序之一種，係將債務人對第三債務人之債權於扣押後，以類似代物清償之方式移轉給債權人以代清償之法院裁定。
>
> 　　例如，與以通常之扣押命令扣押存款後，扣押債權人得收取債務人存款不同，移轉命令係將所扣押之金錢債權本身由債務人移轉給扣押債權人（即扣押債權人成為新存款人）之程序。
>
> 　　移轉命令一旦確定，其他債權人即無從再參與強制執行程序，扣押債權人得單獨享有該存款債權，此為其優點；其缺點則是，當第三債務人無資力時，則自扣押債權取得回收將遭遇困難。因此，在第三債務人資力充沛情況下，或可考慮聲請移轉命令，至於其他情形，則僅需聲請扣押命令即可。

d 強制執行財產之選擇

　　強制執行程序之分配，並非由聲請之債權人優先分配，而應對具備對抗要件之擔保權人優先進行分配。另外，其他一般債權人若亦自行聲請扣押（二重扣押）或聲請參與分配（已開始之執行程序，扣押債權人以外之債權人向執行法院聲請參與分配等）

時，則應按其債權額平等分配。

惟因對參與分配之資格及截止期限有嚴格限制，其他債權人有時並不容易參與執行。例如，於扣押債權之情形，當扣押命令送達債務人經過 1 週，且扣押債權人已向第三債務人收取扣押債權完畢，或第三債務人已提存後，其他債權人聲請再為扣押時，亦不發生執行競合，其他債權人亦不得再要求參與分配（民事執行法 155 條 2 項、165 條）

債權人，通常應於綜合考慮標的財產是否存在、標的財產剩餘價值、其他債權人之競合或參與分配可能後，再擇定擬聲請強制執行之標的財產。實務上，通常會將尚有剩餘價值之不動產及存款債權，列為強制執行之優先對象。

以下將按照財產種類，對其強制執行程序進行介紹。

e 不動產強制拍賣

不動產之強制執行，有強制拍賣及強制管理二種方法（民執法 43 條 1 項）。

不動產強制拍賣，係由執行法院將債務人之不動產予以拍賣，以所得價金清償債務人債務之執行程序。

另一方面，不動產強制管理，係由管理人對不動產之收益（租金等）進行換價、收取，以該收益清償債權人債權之執行程序。惟與實行不動產擔保之不動產收益執行相同，因其程序成本較高，原則上優先採用強制拍賣程序（一般而言，適合強制管理之建物，僅限於收益性較高之不動產（出租大樓、公寓等）、租

地權轉讓困難之租地上建物、即時出賣之價金偏低之不動產（預期將來可能增值，暫予強制管理））。

不動產之拍賣程序，與不動產擔保（抵押權）之實行程序（拍賣程序）幾乎相同（第 5 章 2(2)a 參照）。

f 動產執行

民事執行法基於維持債務人基本生活等觀點，將債務人生活上不可或缺之衣物、寢具、家具、廚房用具、榻榻米及建材、債務人一個月生活所需之食物及燃料等列為禁止查封之動產，禁止對其實施查封（同法 131 條）。

實務上，以東京地方法院執行官室經驗為例，其禁止查封之動產項目大致如圖表 8-5 所列。

圖表 8-5　禁止查封之動產清單

整理櫥櫃　※ 洗衣機（含烘乾機）　床　※ 鏡臺　西式櫥櫃　廚房用具 ※ 食器架　餐桌套組　※ 冰箱（不問容量大小）　※ 微波爐（含烤箱） ※ 熱水器　※ 收音機　※ 電視機（29 吋以下）　※ 吸塵器　涼暖風機 ※ 空調　※ 錄放影機

註：※ 指有數件時僅限 1 件。
出處：司法研修所，改訂民事執行（補正版），64 頁。

在現今時代，中古家具於市場已甚難賣到好價錢，通常係遇有拖欠房租之房客於遷出後處理其遺留物品時，因無法任意處分而必須予以查封拍賣，或正巧遇有較具價值之動產時，才會啟動動產執行程序。

另外，金錢亦屬於動產一種，故亦爲動產執行之對象，惟相當於標準家庭二個月之必要生活費用（66 萬圓），不得加以查封（同法 131 條 3 款、同法施行令 1 條）。

(a) 聲請

聲請執行動產時，應於聲請書中記載所定事項及應查封動產所在處所，向該所在地之執行官（執行官法 4 條、同法施行規則 101 條）提出。

(b) 查封之方法

對動產之查封，應由執行官對債務人所占有之動產解除占有，並移轉該占有（民執法 123 條 1 項、124 條）。

執行官認爲適當時，亦得將查封物交給原占有之債務人、債權人或未拒絕交出標的物之第三人保管。此種情形，僅限於對查封物爲標封或以其他方法爲查封標示時，始生查封之效力（同法 123 條 3 項、124 條）。實務上，除金錢、貴金屬、有價證券等有耗損性或逃脫執行風險之物品外，通常多以裁定將查封物委由債務人保管。亦有貼封條之情況，惟通常不會標示得太過顯眼。

此外，執行官認爲適當時，亦得將查封物交給非原先占有人之扣押債權人或第三人保管（民事執行規則 104 條 1 項）。此處之第三人，例如當查封物爲生鮮食品時，交由倉庫業者保管之情形。

(c) 查封之效力（處分禁止效力）

實施查封後，債務人對該動產即喪失處分及收益權能。債務人對保管中之查封物進行處分者，不得以該處分之效力對抗扣押

債權人等。

(d) 查封之限制（無益查封之禁止）

當預估於拍賣應查封之動產後，所得金額將不超過程序費用時，執行官即不得查封（民執法 129 條 1 項）；當預估無法將查封物賣出者，得撤銷扣押（同法 130 條）。

(e) 強制換價

執行官出賣查封物時，應依投標、拍賣或其他最高法院所定方法爲之（民執法 134 條）。另，執行官於考量動產種類、數量等而認爲適當時，在事先聽取查封債權人之意見並經執行法院許可後，得採投標、拍賣以外之非競爭性方法（隨意契約、陳列銷售等）出賣查封物（民執規 121 條、122 條）。實務上，通常多採取拍賣方式，惟因實際參與競拍人數不多，最後拍定者多半爲債權人本人或債務人之關係人。

(f) 分配

當債權人僅有一人、債權人有二人以上，但賣得金額足以清償所有債權人之債權及執行費用或經全體債權人協商一致時，因債權人間並無利害衝突，故可逕由執行官依簡易分配程序，進行分配（民執法 139 條 1 項、2 項、4 項）。

相對於此，當債權人間就分配未能達成協議（同條 3 項）或因提出停止執行文書等而已辦理提存之情形（同法 141 條 1 項）時，則應由執行法院進行分配程序。此時之分配程序，準用不動產強制執行之分配程序（同法 142 條 2 項）。

g 債權執行

債權執行，係扣押債務人對第三債務人之債權，將其換價以清償債務人債務之執行程序。

另外，2004 年修法（2005 年 4 月 1 日施行）時，新設了「小額訴訟之債權執行」程序。該程序乃就小額訴訟確定判決之金錢債權所爲之強制執行，本於應簡速解決輕微案件之旨趣，由簡易法院之法院書記官擔任執行機關（民執法 167 條之 2 至 14）。

(a) 禁止扣押債權之範圍

薪資、獎金等薪資債權，於該期應受給付額之四分之三範圍內（但上述金額超過每月 44 萬圓者，一律爲 33 萬圓）不得扣押（禁止扣押債權。民執法 152 條 1 項）。退職津貼，於該給付額之四分之三範圍內，不得扣押（民執法 152 條 2 項）。故實際上可供扣押之金額並不多。惟董監事酬勞或議員之薪俸等，因非屬禁止扣押之對象，可望扣得較高之金額。

(b) 聲請

聲請執行，應向執行法院提出記載所定事項之債權扣押聲請書，並檢附所定之附件。管轄執行法院，原則上係債務人普通裁判籍所在地（通常係債務人住所地）之地方法院，無普通裁判籍者，則爲扣押債權所在地（通常係第三債務人普通裁判籍所在地）之地方法院（民執法 144 條）。

此外，在提出聲請時，除請求之債權外，尚應特定被扣押債權。作爲債權人，畢竟難以具體掌握債務人與第三債務人間之交

易細節，於特定上或有一定困難，惟至少仍應就：債權種類（屬應收帳款債權、薪資債權、存款債權中之何種）、債權發生之時期、原因或清償期等，而得於某程度上與其他債權相區別。

再者，因扣押債權人於聲請扣押時，通常對應扣押債權存在與否，實際上能否獲得支付並無把握，故亦得聲請於送達扣押命令之際，向第三債務人催告於扣押命令送達 2 週內陳報扣押債權之存否等（第三債務人陳報催告。同法 147 條 1 項）。

(c) 扣押

對債權之強制執行，因執行法院之扣押命令而開始（民執法 143 條）。債權之扣押，由執行法院以扣押命令禁止債務人收取債權或為其他處分，並禁止第三債務人向債務人清償（同法 145 條 1 項）。

基 本 用 語 解 說

陳報催告

陳報催告，係指要求第三債務人就：扣押對象之債權存在與否？其金額？支付意思之有無？等事項進行回答。

即便可對存款債權或應收帳款債權進行扣押，亦可能發生第三債務人已先行支付或主張抵銷之情況，藉由陳報催告要求第三債務人進行回答，可事先掌握強制執行之確實性，以節省無謂之勞費。

(d) 換價

扣押金錢債權之債權人，於扣押命令送達於債務人之日起經過1週後，即得收取該債權（民執法155條1項）直接充當回收。

相對於此，第三債務人，則得將被扣押金錢債權之全額，提存於債務履行地之提存所（同法156條1項）。

再者，扣押債權人亦得聲請執行法院命將被扣押之金錢債權移轉予扣押債權人（移轉命令）以代支付（同法159條1項）。惟於扣押命令及移轉命令確定時，只要移轉命令所涉金錢債權確係存在者，則扣押債權人之債權及執行費用，應於移轉命令送達第三債務人之時點視爲清償（同法160條），故扣押債權人須承擔不能回收之風險。

當第三債務人既不付款又不提存時，若有被其他債權人聲請扣押之虞者，則債權人可考慮提起「收取訴訟」。一旦提起收取訴訟，則於訴狀送達第三債務人之時點後，其他債權人即不得參與被扣押債權之執行並參與分配（同法165條2款）。

(e) 分配

債權執行，因債權人可直接向第三債務人收取債權，有進行分配程序之必要者僅限於：第三債務人提存時、依出賣命令而被賣出時、因執行動產交付請求權而受交付之動產之賣得價金被提交執行法院時，以及依管理命令而進行管理時之情形（民執法166條1項）。

此處之分配實施程序，準用不動產強制拍賣之分配程序（同條2項）。

2 資產流出之對抗手段

案 例

　　債權人對債務人 A 公司享有債權，A 公司自 2010 年秋季起業績開始惡化，為脫免債務，於是僅留下債務並於未經取得相當對價之情況下，即逕將優質營業部門讓與 B 公司。試問，P 銀行有何對策？

　　作為債權人，除可追究董事等管理團隊之責任外，尚可考慮採取以下措施：①將營業讓與行為視為詐害行為，對其提起撤銷之訴（民法 424 條）；②適用法人格否認之法理；③聲請開始破產程序。以下簡要說明該些制度內容。

(1) 詐害行為撤銷權

　　債務人為脫免債務，僅留下債務而於未經取得相當對價之情況下，即逕將優質事業部門讓與其他公司（B 公司）之行為，可能該當詐害行為撤銷權之要件，債權人可考慮藉由訴訟，請求撤銷該行為。

a 意義

詐害行為撤銷權，係指就債務人不當減少其一般財產（即責任財產）之法律行為（又稱「詐害行為」），一般債權人有撤銷之權利（民法 424 條）。

債權人對債務人之財產並未享有直接權利，原則上無法直接參與債務人財產之管理。惟於債務人財產狀態開始惡化，債務人喪失清償能力之情況下，將所有物贈與他人或予以廉價出售之情形，可藉由行使詐害行為撤銷權，將流失之財產重新取回至債務人名下。

b 行使權利之方法

詐害行為撤銷權之行使，應滿足以下要件：①債務人行為係財產上之行為；②其行為之結果，致債務人之一般財產有所減少而不足清償債務；③撤銷債權人享有金錢債權；④債務人、受益人、轉得人於該行為當時已知悉有害債權人之事實（受益人知悉但轉得人不知者，得請求受益人返還得利）。其中，原告對①至③之要件，負有舉證責任；至於④之不知要件，受益人、轉得人負有舉證責任。

詐害行為撤銷權之行使，應以對因詐害行為而受有利益之受益人或其轉得人提起訴訟之方式為之。另，詐害行為撤銷權，應自債權人知悉詐害行為起 2 年內或詐害行為時起 20 年內行使之（提起訴訟）。

c 撤銷之效果

詐害行爲撤銷權，係「爲全體債權人之利益而生其效力」
（民法 425 條），受益人等所取得之資產應予以取回。原則上，
應恢復爲債務人之一般財產，成爲爲全體一般債權人而存在之償
債財源。

惟當標的物係動產、金錢時，根據如圖表 8-6 判例所揭之例
外，可容許行使詐害行爲撤銷權之債權人，於事實上獲得優先清
償。

(2) 法人格否認

法人格否認之法理，係指當法人格僅流於形式或爲迴避法律
之適用而被濫用時，交易相對人得否認該公司之法人格而視爲係
該交易背後之人的個人行爲，或將以個人名義所爲之交易視爲公
司之行爲，並向其追究法律責任之法理。此法理經常於訴訟實例
中被引用，亦適用於以逃避履行債務爲目的之行爲。

圖表 8-6

標的物	判例要旨	判例
金錢債權	標的物為金錢者，撤銷債權人得請求直接對自己為金錢之交付。	大判大正 10・6・18、最判昭和 37・10・9
動產	標的物為動產者，同上要旨。	最判昭和 39・1・23
不動產	標的物為不動產者，撤銷債權人不得請求受益人直接將所有權登記移轉給自己。	最判昭和 53・10・5

a 法人格否認之要件

法人格否認的事由有：①法人格完全形式化；或②爲迴避法律之適用而濫用法人格之情形。

法人格之形式化，係指如設立公司時，發起人借用家人、朋友等人名義，以暫借款充當設立資本而設立公司。營運上亦宛如負責人之一人公司，從不召開股東會或董事會，於業務上公司、個人間亦不加區分，由內至外均無法明確區別經營實體究係法人或個人之公司。此外，又譬如與母公司於資金上爲一個企業實體，子公司之企業活動實際上均由母公司統一管控，失去其法人格實體內容之公司等。對此種實質上之個人公司，就貸予該公司之款項，可考慮援引法人格否認法理，而向該公司社長（並未提供個人保證）進行請求。

至於濫用法人格之公司，則例如不當利用有限責任制度，而設立空殼公司以維護個人資產，或實質上與第一公司本屬同一，但於第一公司倒閉之際始設立第二公司，以免於償債義務等屬之。

b 法人格否認之效果

當法人格被否認時，以公司名義所爲之交易將被視爲背後之個人行爲，得向該個人或第一公司追究相關交易責任；或相反，得將個人所爲之行爲視爲公司之行爲。

(3) 債權人聲請破產

若擬將債務人之全部財產進行換價處分，以所得價金爲全體債權人進行平等分配時，亦可考慮對債務人聲請破產，並可委請破產管理人對事業讓與行爲行使撤銷權。以下將就這點稍加闡述。

a 破產聲請權人

破產程序一般可由債權人或債務人提出聲請。

由債務人本人或經其董事會等決議，而提出聲請者，稱「自己破產聲請」；由債權人聲請者，則稱爲「債權人破產聲請」。另，於法人之情形，非經董事會全體一致決議，而僅係由部分董事提出聲請者，稱爲「準自己破產聲請」。

例外情況，當按其他法定債務清理程序（特別清算、民事再生、公司更生）進行受阻時，法院亦得依職權開始破產程序（公司法 574 條 1 項、2 項、民事再生法 250 條 1 項、2 項、公司更生法 252 條 1 項、2 項）。

b 債權人聲請破產之現狀

作爲債權人，若掌握債務人任何可能換價之財產，可聲請對其強制執行。當債務人財產流出時，若該財產具相當價值，且亦可特定其流出之對象時，亦可考慮行使詐害行爲撤銷權，以助債權之回收。

相對於此，例如透過虛飾財報騙取融資之情形，雖知悉債

務人或隱匿相當部分之財產，但對該財產之所在並不確定時，單憑債權人個人恐無法透過上述權利之行使而有效回收其債權。因此，可考慮以債權人身分聲請破產，讓破產管理人介入破產人對財產之管理處分，由破產管理人調查及回收（行使撤銷權等）破產人財產。在過去一段時間，銀行等金融機構對於債權人聲請破產一事，顯得相當消極。主要係認為，並無助於債權回收，或認為債務人破產將對其造成無謂的污名化。惟近年來，對債務人破產的牴觸感已逐漸下降，對於較為惡質之債務人，同時亦預估能獲得相當程度回收之情形，或者作為對有弊端之融資交易的最終處理手段，已非罕見了。

　　破產管理人，透過發現高額之隱匿資產或行使撤銷權取回流失資產，往往能幫助債權人獲得相當程度之回收。惟破產管理人之調查權限亦非萬能（畢竟無檢調機關之強制力），且要求破產管理人從事之調查工作越多，報酬費用也越高，甚至將侵蝕最後可用於分配之金額（債權人聲請破產者，債權人應代破產人繳交預納金。在形成破產財團並對債權人分配之情況下，預納金將會返還給聲請之債權人。惟倘未能形成與費用相當之財團，預納金將被充抵破產管理人報酬等破產費用，而無法獲得返還。就此項預納金之繳納標準，可參考東京地方法院於 2010 年 5 月時所公布關於破產管理案件，如圖表 8-7 之繳費標準）。

圖表 8-7　破產管理案件繳費標準

負債總額（單位：圓）	法人	自然人
5000 萬未滿	70 萬	50 萬
5000 萬 -1 億未滿	100 萬	80 萬
1-5 億未滿	200 萬	150 萬
5-10 億未滿	300 萬	250 萬
10-50 億未滿	400 萬	
50-100 億未滿	500 萬	
100 億以上	700 萬	

出處：東京地方法院民事第 20 庭，破產案件程序費用一覽（2010 年 5 月 18
日）。

作為債權人，應於綜合考量發現回收對象資產之蓋然性，以
及是否足夠支應各項費用等因素後，再決定是否應聲請啓動破產
程序，及聲請後應要求破產管理人進行調查工作之範圍。

c 債權人聲請破產之程序

債權人的破產聲請書中，除破產原因之外，爲便於迅速展開
破產管理業務，尙應詳細記載：財產之保管、所在場所、處分價
格、得撤銷行爲之有無、帳簿文書之保管情況、債權人、員工之
情況等。債權人聲請破產者，法院偶爾亦召開言詞辯論，惟通常
僅止於對債權人所提書證及債務人本人進行審詢。

另外，債權人聲請破產時，與詐害行爲之撤銷不同，聲請債
權人並無法優先受償。反而，倘僅係基於債權回收之目的而聲請
破產，而債務人（破產人）與聲請債權人間，以有利之支付條件

達成和解者，則該和解將可能因對其他債權人構成偏頗行為，而可能成為撤銷之對象。同時，亦極可能構成破產聲請權之濫用。

(4) 從債務清理程序取得回收

債務人聲請民事再生、公司更生、破產等法定債務清理程序，經裁定程序開始後，債權人便只能遵照該程序申報債權而依法回收債權。而且，債務人有時也可能出乎意料突然啟動債務清理程序。儘管如此，於債務清理程序中，債權人仍應盡一切努力增加在程序中之分配額，以期最大化自己之債權回收。

關於此點，首先，倘若為破產程序，當有關於破產人任何隱匿資產或得撤銷行為之訊息時，應提供給破產管理人。其次，當破產管理人對財團之形成不夠積極等，對其職務履行有不稱職之情形時，應藉由債權人會議或其他場合，敦促其積極行使職權以增加財團價值。關於破產管理人之權限，破產法有以下規定：對於破產人、破產人之代理人、破產人為法人時其董事、監事等人、破產人之員工等具有調查權（同法 83 條）。對該調查拒絕說明或拒絕檢查者，可科處包括徒刑在內之處罰（同法 268 條）。拒絕揭露重要財產等者，亦為處罰對象（同法 269 條）。此外，破產人隱匿資產之行為，可能構成詐欺破產罪（同法 265 條），對其可科處包括徒刑在內之處罰。從而，若認為破產人有應撤銷之具體行為者，即應要求管理人行使撤銷權；認為有值得調查之事項者，亦應敦請破產管理人積極介入調查，以釐清是否有構成詐欺破產罪可能。

另外，在民事再生程序及公司更生程序中，小額債權人經常可獲得全額清償。其原意本在於透過小額債權之全額清償，以減少參加程序之債權人人數，有助於簡化程序。惟其結果，卻可能造成實際債權額分明超過所認定之小額債權，申報作為小額債權反較有利之情形。例如，某債權人對債務人有 100 萬圓債權，民事再生程序開始後，倘對 50 萬圓以下債權一律視為小額債權而對其進行全額清償，則實際上債權額為 100 萬圓之債權人亦可能僅申報為 50 萬圓，以期先就 50 萬圓部分獲得清償。其結果，當再生債權之分配率未達百分之 50 時（通常分配率均偏低），如採以上所例舉之債權申報方式，反而能盡早獲得較高額之清償。對金融機構而言，以較實際債權額更低之金額申報債權，恐有其難處，但於債權回收之場合，仍應盡一切努力以求回收金額之最大化。

國家圖書館出版品預行編目資料

日本債權回收實務／島田法律事務所著；
許明義譯. －－初版.－－臺北市：五南,
2016.11
　面；　公分.
ISBN 978-957-11-8806-5（平裝）

1.債法　2.日本

584.931/3　　　　　　105016076

1SA5

日本債權回收實務

作　　　者 — 島田法律事務所

譯　　　者 — 許明義

發 行 人 — 楊榮川

總 編 輯 — 王翠華

主　　　編 — 劉靜芬

責任編輯 — 張若婕　許珍珍

封面設計 — P.Design視覺企劃

出 版 者 — 五南圖書出版股份有限公司

地　　　址：106台北市大安區和平東路二段339號4樓

電　　　話：(02)2705-5066　　傳　真：(02)2706-6100

網　　　址：http://www.wunan.com.tw

電子郵件：wunan@wunan.com.tw

劃撥帳號：01068953

戶　　　名：五南圖書出版股份有限公司

法律顧問　林勝安律師事務所　林勝安律師

出版日期　2016年11月初版一刷

定　　　價　新臺幣350元